E. Hildebrand

Wallenstein und seine Verbindungen mit den Schweden

Europäischer Geschichtsverlag

E. Hildebrand

Wallenstein und seine Verbindungen mit den Schweden

1. Auflage | ISBN: 978-3-73400-206-9

Erscheinungsort: Paderborn, Deutschland

Erscheinungsjahr: 2015

Europäischer Geschichtsverlag ist ein Imprint der Salzwasse Verlag GmbH, Paderborn.

Nachdruck des Originals von 1885.

WALLENSTEIN

UND SEINE

VERBINDUNGEN MIT DEN SCHWEDEN.

AKTENSTÜCKE

AUS DEM

SCHWEDISCHEN REICHSARCHIV ZU STOCKHOLM.

HERAUSGEGEBEN

VON

DR. E. HILDEBRAND.

FRANKFURT A/M.
LITERARISCHE ANSTALT
RÜTTEN & LOENING.
1885.

WALLENSTEIN

UND SEINE

VERBINDUNGEN MIT DEN SCHWEDEN.

AKTENSTÜCKE

AUS DEM

SCHWEDISCHEN REICHSARCHIV ZU STOCKHOLM.

HERAUSGEGEBEN

VON

DR. E. HILDEBRAND.

FRANKFURT A/M.

LITERARISCHE ANSTALT

RÜTTEN & LOENING.

1885.

VORREDE.

Für die kritische Prüfung, wie es sich mit den berüchtigten heimlichen Beziehungen Wallensteins zu den Schweden in den Jahren 1631—1634, wie sie in der bekannten Relation Raschins dargestellt sind, verhalten habe, hat bisher sehr wenig urkundliches Material vorgelegen. Man hat sich ja auf ganz kurzgefasste und beiläufige Aussagen Fremder, wie des englischen Agenten Curtius über die geheime Communication zwischen Oxenstierna und Wallenstein im Mai 1633, berufen müssen. Die Echtheit des Meisten, was man herangezogen hat, ist übrigens in späteren Zeiten angefochten worden, und wenn dies auch, der Meinung vieler Geschichtsforscher nach, ohne triftige Gründe geschehen, zeugt schon der Versuch, der doch wiederum bei Vielen Glauben gefunden, von gewissen Mängeln des Beweismaterials. Ausser den öffentlichen und privaten Archiven Deutschlands und Oesterreichs, hat man zwar auch in dem schwedischen Staatsarchive Aufklärungen gesucht, scheint sich aber seit der bekannten Forschungsreise und Publikation Dudiks bei der Ueberzeugung beruhigt zu haben, dass nichts mehr da zu finden den sei[1].

Bei näherer Untersuchung hat sich indessen ergeben, dass Hr. Dudik nur einen kleinen Theil des hierauf bezüglichen Urkundenmaterials in Stockholm einzusehen Gelegenheit gehabt haben kann. In der grossen und überaus wichtigen Oxenstiernschen Sammlung im Reichsarchiv (der so-

---

[1] Vergl. Ranke, Geschichte Wallensteins, s. V.

genannten Tidösammlung) scheint er seine Forschungen,
wenigstens diesen Gegenstand betreffend, auf die Correspondenz mit Herzog Bernhard beschränkt zu haben —
bekanntlich hat er daraus verschiedene Actenstücke mehr
oder weniger vollständig mitgetheilt — und jene Sammlung enthält doch sehr bedeutende Beiträge zur Lösung
der genannten Frage. Es ist jedenfalls möglich, dass die
damals gerade erworbene Sammlung bei seiner Anwesen-
heit nicht vollständig geordnet war; ein Paar der wichtigsten Actenstücke sind ja darunter später von mir so gut
wie entdeckt worden. Die übrigen von ihm publizirten
oder erwähnten Briefschaften sind den Briefen Oxenstiernas
an den schwedischen Reichsrath in Abschriften beigelegt.
Die meisten von ihnen liegen auch im Original vor; dass
Hr. Dudik aber eben jene Abschriften benützt hat, geht
aus dem Umstande hervor, dass verschiedene in ihnen vor-
kommende Fehler auch in der Dudikschen Publikation
wiederkehren.

Wie schon angedeutet, enthält das schwedische Reichsarchiv noch andere Actenstücke, die für die Aufklärung
jener Beziehungen von Bedeutung sind, und erst jetzt dürfte
man eine ziemlich vollständige Uebersicht dessen, was in
unseren Sammlungen für die Wallensteinische Frage aufbewahrt ist, gewonnen haben. Während einer soeben ab-
geschlossenen Neuordnung der hiesigen diplomatischen
Sammlung Schweden-Deutschland betreffend, ist es mir
gelungen mehrere dieser Actenstücke aufzufinden, und bin
ich auch zu der Ueberzeugung gekommen, dass nichts
Wesentliches mehr zu finden sein dürfte.

Es sind bekanntlich nur die Jahre 1631—1634, die in
Frage kommen können. Leider werden für das erste dieser
Jahre und zwar für die letztere Hälfte desselben gegen-
wärtig die wichtigsten der an den schwedischen König
eingegangenen Schreiben vermisst. In der Tidösammlung
ist für dieses Jahr nichts zu finden; der Reichskanzler hielt
sich während des grösseren Theils desselben in Preussen
auf. So bekommen für dieses Jahr die von Helbig und
Fiedler aufgefundenen Briefe Thurns besondere Bedeutung,

wenn es auch dahingestellt sein mag, ob die Originale in die
Hände Gustaf Adolphs jemals gekommen sind. Wenigstens
von dem Fiedlerschen Briefe habe ich im letzten Sommer
mich in Wien überzeugen können, dass er unzweifelhaft
von der Hand Thurns herrührt. — Sowohl aus der ersten
als der letzten Hälfte des Jahres sind doch auch in unserem
Archive Actenstücke aufbewahrt, die auf die geheimen
Verhandlungen sich beziehen, so ein Brief von Thurn,
während der Ambassade nach Berlin, von der ersten An-
knüpfung mit Raschin. Die nächsten Verhandlungen mit
ihm sind ja mündlich geführt worden und können somit
nicht zu vielen schriftlichen Aufzeichnungen Veranlassung
gegeben haben. Es folgen dann ein Paar Briefe von dem
neuen schwedischen Residenten in Dresden an einen der
Geheimsekretäre Gustaf Adolphs, von denen der eine einen
sehr eigenthümlichen Rückblick auf die Art der geführten
Verhandlungen wirft.

Aus dem folgenden Jahre 1632 kann man ja nicht besonders viel erwarten. Wie die böhmischen Emigranten
nun doch in der Hoffnung lebten, dass die Annäherung
Gustaf Adolphs eine Revolution in Böhmen hervorrufen
würde und wie lebhaft die Intriguen fortgeführt worden,
zeigen einige Briefe Thurns an Gustaf Adolph — wahrscheinlich sind sie alle bewahrt worden. Ein anderer Brief
Thurns (ebenfalls an den König) bestätigt die Erzählung Raschins von dem Versuch nach den Ereignissen bei Nürnberg
durch Bubna mit Wallenstein wieder in Verbindung zu treten.

Aus dem Jahre 1633 scheint so ziemlich alles, was den
schwedischen Antheil in den Friedländischen Plänen und
Projecten betrifft und überhaupt schriftlich aufgesetzt worden,
noch unter den Papieren Oxenstiernas da zu sein. Erstens
die Briefe Thurns, des alten Patrioten, der in seiner neuen
Stellung als schwedischer General in Schlesien böhmische
Emigrantenpolitik getrieben und Wallenstein die böhmische
Krone angeboten hat, wenn er auch gleichzeitig den
schwedischen Reichskanzler von seinen Unternehmungen
unterrichten liess. Sie strecken sich durch das ganze Jahr
1633 bis zur Katastrophe bei Steinau im Oktober und be-

ziehen sich in den Monaten Juni, August und September auf die geheimen Tractaten. — Dann seine Instruction für den alten Waffenbruder Bubna und der Bericht des letzteren an den Reichskanzler von seinem Besuche, in Gesellschaft mit Raschin, bei dem Herzoge von Friedland auf Gitschin, wo von der Krone und den Absichten des letzteren die Rede war, und die Antwort Oxenstiernas. Verschiedene Nachrichten und Briefextracte aus Schlesien vervollständigen die Berichte Thurns.

Es gehören ferner dahin die Berichte des schwedischen Residenten in Dresden Laurens Nicolai an Oxenstierna. An ihn wandten sich Ausgeschickte der Freunde Wallensteins in Prag; er ist auch dies Jahr in die geheimen Verhandlungen eingeweiht worden. Für die Auffassung schwedischerseits von diesen Verbindungen und ihrem Werth sind seine Aussagen von Bedeutung, wie auch im allgemeinen für die sächsische Politik jener Monate.

Während des zweiten Stillstandes in Schlesien wurde von Oxenstierna ein schwedischer Officier dahin gesandt um Näheres zu erkunden. Ich habe zwei seiner Briefe aufgefunden — wahrscheinlich alle, die er geschrieben hat; er scheint dann nur eine mündliche Relation abgestattet zu haben. Auch die Briefe Arnims an Oxenstierna auf der Reise nach und von Gelnhausen bringen verschiedene Notizen von Interesse.

Endlich haben wir Aussagen Oxenstiernas selber, besonders in dem Briefwechsel mit Herzog Bernhard, Cirkuläre an die schwedischen Diplomaten, wie auch Berichte und Aussagen von Chemnitz, Salvius u. a.

Es ist somit für dies Jahr eine recht ansehnliche Reihe von Actenstücken und Beweismitteln vorhanden, die meisten im Original. Mit Ausnahme der Correspondenz mit Herzog Bernhard ist fast alles bisher unbekannt oder unbenutzt geblieben.

Auch für die letzten entscheidenden Monate finden sich, ausser den von Dudik schon bekannt gemachten, einige neue, bisher nicht benutzte Actenstücke. In erster Linie ein kleiner Briefwechsel zwischen Kinsky und Thurn,

1633 Dec.—1634 Jan., von diesem an Oxenstierna eingesandt, dann auch ein Brief des *Consilium generale* in Frankfurt, die letzte Expedition Raschins bestätigend.

Als Arnim in 1637 nach Schweden fortgeführt wurde, hat endlich der alte Thurn einen neuen Brief geschrieben, redselig wie immer, in ein Paar Punkten aber nicht ohne Bedeutung.

Die wichtigsten dieser Actenstücke — 18 in Zahl — sind von mir in der schwedischen historischen Zeitschrift (1883 Heft 4)[1] nebst einer historischen Uebersicht der Verhandlungen veröffentlicht worden. Durch das geneigte Entgegenkommen des Herrn Verlegers bin ich in Stand gesetzt worden, alle in unserem Archive auf diese Frage bezüglichen Actenstücke von irgend einer Bedeutung publiciren zu können. Die von Dudik oder Andern schon bekannt gemachten werden doch nur erwähnt, nicht reproducirt[2]. Moderne Interpunction ist überall durchgeführt worden; sonst nur wenige Veränderungen, wie mit *u* und *v*, doppelten Vokalen und dergl., vorgenommen. In den Briefen Thurns ist durchweg *ich* für *ih*, *schicken* für *shicken* u. s. w., wie er zu schreiben pflegt, gesetzt worden[3].

Betreffend einige der in den folgenden Actenstücken vorkommenden Persönlichkeiten, dürften einige biographische Notizen von Nöthen sein.

Laurens Nicolai (Nilsson) aus einem bald unter dem Namen *Tungel* bekannten kleinadlichen Geschlechte, Sekretär in der schwedischen Kanzlei, war eine der besten Kräfte der aufstrebenden schwedischen Diplomatie und ging am Ende des Jahres 1631 als Resident nach Dresden. Seine Versetzung nach dem wichtigen Posten in Hamburg als

---

[1] Der letzte Brief in derselben Zeitschrift, 1884, H. 2.

[2] Die vielen Briefe von und an Herzog Bernhard aus dem Jahre 1634, von Dudik S. 436 ff. referirt, sind gar nicht aufgenommen worden.

[3] In den schon früher gedruckten Briefen waren grosse Initiale auf Nomina propria und die Anfangswörter der Puncte beschränkt; in den neu zugekommenen wurden grosse Initiale nach dem gewöhnlichen deutschen Gebrauche gesetzt. Leider ist diese Verschiedenheit in den gegenwärtigen Abdrucken stehen geblieben.

Nachfolger Salvius war schon bestimmt, als er im Oktober 1633 durch den Tod ereilt wurde.

Philipp Sadler, Oberst und Kriegsrath, öfters auch als Diplomat verwandt, folgte eine Zeit lang Gustaf Adolph als einer seiner Sekretäre und wurden deshalb nicht selten die Briefe an ihn anstatt des Königs adressirt.

Otto Johann v. Steinnecker, Oberstlieutenant, später Kriegsrath in schwedischem Dienst, wurde von dem König 1631 zum Thurn abgeordnet und folgte diesem in der böhmischen Expedition 1631 und 1632. Er war somit mit dem Schauplatze, den Unterhandlungen und den Persönlichkeiten wohl bekannt, als er in dem Jahre 1633 von Oxenstierna nach Schlesien und Sachsen noch einmal gesandt wurde.

H. W. v. d. Heiden, Oberst, war in den Jahren 1633, 1634 als schwedischer Gesandte — er wird »Ambassadeur« genannt — in Berlin angestellt.

Uebrigens mag es bemerkt werden, dass, so viel ich habe finden können, Raschin nimmer in schwedischem Dienst gewesen ist. Dass er mit dem Obersten Raschin, von dem Chemnitz (II, S. 135) spricht, identisch ist, ist offenbar. Wenn er einer späteren Angabe nach »Aufwärter« Thurns genannt wird, so muss es auf irgend einem Irrthum beruhen. Wir haben ja so viele und confidentielle Briefe Thurns, und er wird in diesen nimmer als sein Diener erwähnt. Dagegen dürfte man ihn in dem »Böhmer von Adl« und Diener Kinskys, von dem der Brief No. LXIV spricht, wiederfinden.

Es gereicht mir zur grossen Genugthuung, diese Beiträge zu der Lösung einer noch vielfach debattirten Frage durch einen deutschen Verleger publiziren zu können. Dem Herrn Professor *A. Gaedeke in Dresden*, durch dessen Vermittelung es geschehen ist, sowie für die gütige Uebersetzung des Briefes Nr. XI, spreche ich hiermit meinen Dank aus.

STOCKHOLM, im Mai 1885.

Emil Hildebrand.

INHALT.

I.

Heinrich Matthes v. Thurn an König Gustaf Adolph.

1631 Juni 17.   *Orig. (eigenhänd.) im schwed. Reichsarchiv.*

Dies Briefl, so bailigendt[1], wiertt himit bai diefer sichern Gelegenhait E. Kh. M:t gefchikht. Sieder der Valedixirung, fo mit der Churfh. Dhl. gehalten worden, ist dies der erste Tag, das er sich zue ainer Recreation auf ain khlains hirschenge Jagt geben, dabai ist die Churfurstin auch geweft, E. Kh. M:t vielfeltig gegen mir' fchön gedacht. Allerorts bedünkht mich ist die Affection gewakhßn.

Woher der Irthumb endtftanden, das der Strzela, auch der ander Ritmaifter, fo den Ratt und Befelich von Herzog von Weimar bekhomen, nit noch Heßen der Gefahr halber zu ziegen, sie ihren Weg alher noch Berlin nemen, haben sie zu verantwortten. Den wie ich bericht werde, so solten sie siech noch den Schwabifchen und Frankhifchen Khräß begeben haben.

Es fein unterfchidliche redliche und ehrliche Leith, Bömifche vom Adl alhie, der Schahman, Berzkofsky, Sommerfeldt, die alle und noch andere mher Compagnien werden auf ihr Verlag werben auf khunftige gnedigft Erkantnüs und Ergezung, wen sie nuer ain nominirtes Orth werden haben. Die bietten mich vatterliche Sorg fhuer sie zu tragen, bien vergwist, das die werden guette Ordnung halten und obedient sein.

Mit herzlichen Verlangen wartt ich des Rafchin, fo dies hochwichtig *Negotium* in Böhem tractirt. Alspalt der khompt auch der Hörßan, so E. Kh. M:t ftatlich wiel unter die Armen graiffen. So räß ich bai Tag und Nacht zue E. Kh. M:t. Hörßan hatt guette Geldtmittl, ist ain frume und treue Sell[2].

---

[1] Wird vermisst.

[2] Von dem Hörßan heisst es in einem anderen Briefe vom 16. Juni: »Dies Wörtl 'unter die Armb E. Kh. M:t zu graiffen und ftatlich' ist laicht zu fchliesen, das ers vermant mit Geldthielf zue thuen. E. Kh. M:t khan ich unvermeldt nit laßen, das Seine Vatter der reichiste Herr war imb ganzen Khönigkraich. Wier haben ihn unßerer Necessitet von

1

Hof den Hern Wilhelm Khinsky auch zue ainer ſtattlicher Geldthilf zu bewegen. Es laßen ſiech andere auch verlauthen, wiel ohn meiner Sorgfeltigkeit und Flaiß nichts erſparn. Dies iſt auch fiecher und gewies, das Tilli den Churfurſten von Sakhßen zue endtbotten, er fol nit aufhalten mit feiner Reſolution und die Werbung ainſtöllen, oder er wiel imb in das Landt ruekhen. Diefes hatt mich agentlich bericht Schahman und Berskowsky.

Hörßan gielt am Sakhfifchen Hoff deswegen, das er Geldtmittl hat und Ihr Churfh. Dhl. ain *Summa* gelih, trinkht auch ihn *Compagnia* gern. Der Extract auß feiner Zedl[1] waiſt auß, das er guette Hofnung hatt, das man die Coniungirung wiertt begern, wail der junge Prinz fo guett. So fing ich des *Lutheris* Lied: dem alten Menfchen krenkhe, das der junge leben und regiren möge. Verblaib etc.

Datum Berlin den 17 Juni 1631.

II.
Laurens Nicolai an Philipp Sadler.

1631 Nov. 14.   *Orig. im schwed. Reichsarchiv.*

Neben Erbietung meiner jederzeit bereitwilligen Dienste lebe ich der Hoffnung m. hg. H. wird sambt seiner Herrn Collegen und anderen guten Freunden mehr sich noch bei guter Gesundheit und allem Wollſtand befinden, welchs ich auch Ihnen fambtlich und M. Hg. H. sonderlich von Grundt meiner Seelen wünfche und gönne. Meiner Instruction und unferer Abrede zuvolge kan ich keinen Umbgang haben M. Hg. H. zu berichten, dass ich diefer Tagen zu Dreßden angelangt, allhie ich in dem Kriegswefend große Alteration und Verenderung gefunden hab. Dan anstatt daß die sechfifche Armee hett Schlefien follen in Acht nehmen und den Oderſtrom verfichern, ich auch vermeint diefelbe an den Ortern anzutreffen, müß ich sie nu in Böhmen fuchen. Der Feltmarfchalck Arnheimb hatt fich den *20 Octobris* mitt theils der unterhabenden Armee von Görlitz weggewendet und seinen Zugk nach Böhmen über Schleckenau auf Tetfchen an der Elbe hinaufgenommen,

---

imb Geldtlehen begert, über dreymalhundert tausent Taller. In dießer großen *Summa* Geldts war khain anders Geldt alß guette Grofchen.« Und weiter unten: »Ich schraib dießen Hörfan, er fol zue mir khommen, fol E. Kh. M:t zu gefuerdert werden. Hoff meine Landtsleith follen erwaißen das fie redliche Leith findt.«

[1] Wird vermisst.

in Ober - Laußnitz aber drey Regiment zu Fuß geworbenes
Volks und in Nieder-Laußnitz ein Regiment Ritterpferde fambt
1500 Defensionern zu Fuß gelaßen. Nachdem ihm dan daß
Glück fo weidt favorifirt daß er fich ohne Wiederftandt deß
Elbftroms biß nach Raudnitz bemechtiget und dardurch nicht
allein den Leutmeritzer, fondern auch ein Theil deß Saazer
Craifes unterworffig gemacht und erfahren, daß die *Grandes*
und infonderheit die Geiftliche zu Prag entwiechen, ift er den
4 *huius* eilends mit 2 und (ein) ½ Regimenten zu Fuß, die
doch fehr fchwach, und 4 Regimenten zu Pferde, von Lauen
an der Eger aufgebrochen und *recta* nach Prag verrücket, da
er dan den 5 *dito* davor ankommen und gegen Abend mit
Accord eingelaßen worden und hatt alfo mit einer fo geringen
Macht der großen und volkreichen Stadt fich auch bemechtiget.
Dieffenbach hatt auch feine Marche durch Glatz auf Brandis
genommen im Willens Prag zu entsetzen. Da er vermerckt
daß es zu fpat und das Brandis vom fechfifchen Volck albereit occupirt war, hat er fich mit der Armee bey Lemburg
(foll ein guter Pass feyn) an der Elbe, 6 Meilen von Prag
logirt, welchs verurfacht, daß man alhie *inter spem et metum*
lebt und fich allerhandt Gedancken macht, daß Dieffenbach
etwan feinen Karren herwarts wenden möchte und dem Churfurften die *retraicte* verbieten, fo leichtlich zu thun were, im-
maßen die zwifchen inliggende Päss fehr fchwach und mit
fchlechtem Volcke befetzt. Diefe fchleunige und faft precipi-
tirte Expedition kombt meniglichem frembd vor, umb fo viel
mehr weil die Churfurft. Armee *foible*, rucklings übel versichert
und nirgends weder bey den Pässen in Schlesien und Lauss-
nitz noch im Churfurstenthumb einige *Guarnison* gelaßen, nur
allein hier in Dreßden ohngefehr 600 Man. Der H. Graf von
Thurn ift dem Feltmarschalck Arnheimb biß in die Lausnitz
nachgezogen. Da er ihn nicht gefunden, ift er widerumb hie-
her kommen und anfangs übel zu Frieden geweft, daß der
Einfall in Böhmen gefchehen ift ohne vorgehender *consiliorum*
communication. Die Churf: che Räthe feind faft alle dawieder
gewefen, daß ihr Herr in eigener Perfon in Böhmen ziehen
foll. Deßen ohngeacht hatt ers gewagt und ift mit feinen zwee
Leibregimenter und etliche wenig Compagnien ander Volck,
daß er hier hat liggend gehabt den 3 diefes Monats fo frühe
aufgebrochen, daß er denfelbigen Abend biß auf Aussig kommen, von dannen er nach Leuthmeritz, Lobfchetz und endtlich nach Prag geruckt, alda der Inritt den . . [1] gefchehen
ift und daß Quartier in deß Furften v. Lichtenftein Logement
genommen. Es wirdt hiervon *diversimode* discourri[r]t und ge-

---

[1] Das Datum ift nicht ausgefüllt.

urtheilt. Etliche meinen daß der v. Wallenftein in diefem
Werck daß große Rad fey und daß alleß von einer heimlichen
intelligence mit ihm dependire. Andere sagen Ihr K. M:t
hetten den Churfurften zu diefem Zugk gerahten und durch
den Grafen v. Thurn induciren laßen mit Versicherung, daß
sie auf Nohtfall mit dero Armee Ihr Churf. Durchl. secondiren
wollen. Viel haltens dafür, daß der Feltmarfchalck diese *impresa motu proprio* ohn deß Churfurften wißen und willen
fürgenommen hatt, da eß auch anderft alß woll abliefe, mufte
niemand alß er dazu fchuldig fein. Ein Theil geben für, weil
der Kayfer dem Churfurften viel Millionen zu thun fey und
die beyde Leutmeritzer und Saazer Creyfe Ihr Durchl. ver-
hypothicirt, daß Ihr Durchl. nicht zu verdenken ftehet, daß
sie bey diefer Conjunctur fich derfelben Creife zu mehrer Ver-
ficherung impatronirt und mit ihrem Kriegsvolck besetzet.
Diefe seind fo der Leut allhie *judicia*. Es durfte der Chur-
fürst woll das *proximus egomet mihi* fpielen und vielleicht auf
ein *Diadema* dencken, davon man albereit begint offentlich
zu reden. Wie Ihr K. M:t aber diefen Zugk verftehen und
aufnehmen werden, were mir hochnötig zu wißen, auch newe
Information und Unterrichtung zu haben waß ich bey be-
gebender Occasion hievon fagen und wie ich mich fonsten in
einem und anderen verhalten muß. Ich bin auf dem Weg gewefen nach Böhmen biß an den Grentz, aber gedrungen umb-
zuwenden wegen der Bawren die sich daselbst zusammen rottirt
haben und waß kein Wiederftand thun kan spoliiren und
niedermachen . . . . [1]

Eilends in Dresden den 14 Novembris A:o 1631.

III.

Heinrich Matthes v. Thurn an Axel Oxenstierna.

1631 Dec. ⁸/₁₈.   *Orig. (eigenhänd.) im schwed. Reichsarchiv (Tidö saml.).*

Der Edle von Zdeheniz, fo khlain von Perfohn, groß von
Herzen, Gemuett und Treu, räft zue E. L., ift imb zu traun
und glauben, khan erzellen, wher den Weg noch Böhem hatt
preparirt, das von der Churfh. Arme nit ift in das Herz khomen
den algemeinen Weßen dadurch zu helffen, fondern auß meiner
Eröfnung, so mit ain Consentirung Ihr Khunigh. M:t befchehen, die Refolution gefäft, der sakfischen Armé, fo mit
Mangel, Geldt und Proviant difperirt. Ist ihn das Khönigk-

---

[1] Das folgende betrifft andere Materien.

raich Böhemb ganz verborgner Waiß fhuer mein Perfohn ihns
Khönigkraich gerückht die Hungrigen zue contentiren und den
Raub zu vertröften. Wie man hauft, Order heldt und procedirt
ist von imb zu vernemen. Hab solches Ihr Khön. M:tt unbe-
richt nit gelaßen. Mir war durch Plenipotenz bevolhen, wail aber
Ihr Khön. M:tt mir nit hatt mit Volkh wegen Überlaft seiner
Feindt helffen khönnen, ift dieße Armé herein gerückht. Khombt
nit khönigliche Hilff, fo hab ich fchlechten Troft, den da ist
khain Lieb, nur Geiz vor Augen.

Datum Prag d. $\frac{3}{13}$ Decembr. 1631.

IV.

Laurens Nicolai an Philipp Sadler.

1631, dec. 30.   *Orig. im schwed. Reichsarchiv* [1].

Ich lebe der hoffnung, es wirdt M. Hg. H. meine vorige
an denselben abgangene schreiben recht empfangen und darab,
wie auch auß beschehenen relationen an Mons. Grubb, waß
communication- und schriftwehrtig, so woll in Ihr. Churf.
durchl. abwesend alß nach dero wiederkunft auß Böhmen, bey
diesem hofe passiert, verstanden haben. Meine relation con-
tinuiere ich noch an H. Grubb, dahin ich mich auch will gezogen
haben. Eins aber zu erinneren kan ich nicht vorbey gehen,
was nahmlich der feltmarschallck Ahrnimb mit mir discourrirt
hatt von der vor diesem heimblich practicirten *intelligence*
zwischen Ihr K. M:t und dem von Wallstein, daß dieselbe
melée sey auf einem sehr gutem wege gewesen, aber *male
agendo* interrumpiret worden, durch den herrn grafen von Thurn,
welcher *vitio naturæ*, waren des Arnheimbs formalia, die sache
divulgiert hab, erstlich durch eine dame von Tirska, welcher
der h. graf dieses vertrawet, darnach durch einen brief, darinnen der ganze handel mit vollen worten und ohne cyphern
begrieffen, und der Wallenstein oftermal genandt wirdt, welcher
brief von den keyserischen intercipiert, und alles so gemein
worden, daß eß die jesuwieder zu Praga erfahren haben, und
die Kinder auf der strassen daselbst damit geloffen seind. Eß
hatt gedachter Wallenstein sich gegen dem von Arnheimb bey
ihrer jüngsten *entreveue* deß wegen hefftig beschwerendt gesagt, er wüste nicht, wie er diesen wunderlichen process anderst
verstehen solle, als daß der herr graf von Thurn dergestalt
ihn hat wollen in ungelegenheit, ja woll auf total ruin und

---

[1] Zum grössten Theil in chiffre.

fall bringen. Eß were nu[n]mehr so weit kommen, da sich Wallstein von suspicion und *blasme* befreyen wolle, muste solchs
nicht allein mitt bloßen worten, sondern würcklich geschehen,
darumb er, Walstein, nothwendich verursacht sich zum kayser
zu begeben umb sich, so gut er köndte, bey ihme zu purgiren
erst durch mundtliche entschuldigung und darnach *realiter*
durch annehmung deß generalats. Er soll aber, wie besagter
von Arnheimb mir weiter berichtet, protestirt und hoch be-
deuret haben, daß er, ein weg alß den andern, in seinem
proposito und gueter affection gegen ihr Kön. M:t stets continuiren will und weder thuen oder durch andere thuen laßen
ichtswaß, daß Ihr K. M:t præjudicieren oder zum geringsten
nachtheil reichen möchte, sonder vielmehr alles dahin dirigieren, daß der kayser mitt seinem ganzem hause soll schmerz-
lich sehen und empfinden, daß er einen *cavaillier* affrontiret
hab. Dieses sagte von Arnheimb, daß Wallstein hatt gebeten
Ihr K. M:t unterthenigst zu berichten, *obtestando per omnia
sacra*, daß eß nicht geschehe durch brief, sondern daß der
von Arnheimb solchs Ihr K. M:t (so ers selber nicht thuen
kondte) durch eine vertrawte persohn mündtlich sagen liess.
Wan nun mehr erwehnter von Arnheimb keine andere gelegenheit hette, hab er mirs, als von Ihr K. M:t creditirtem,
offenbahren wollen, hochnötig haltend, daß Ihr K. M:t diese
deß von Wallstein intention je ehe, je beßer wüsten, damit,
wan Ihr. M:t erfahren, daß Wallstein wieder auf des keysers
seite getreten, daß Ihr M:t nicht meinen sollen, er hette darumb sein gemüth geändert, und Ihr K. M:t dadurch offen-
diert, die *causam* selbst entdecken möchte, und wurde also,
nicht allein seine gegen Ihr K. M:t noch tragende devotion,
darinnen er von Walstein gedachte stets zu verharren, übel
belohnet, sondern auch die würckliche *servitia*, die er zu seiner
zeit und in kurtzen verhoffe zu præstiren, sufflaminiert oder
gar verhindert. Der von Arnheimb hatt mehr alß ein mal mich
beschworen und gebeten hierinnen groster dexteritet zu gebrauchen, und diese deß von Walstein offerte keinem menschen
mehr, dan *ser: mo nostro regi* allein zu offenbahren, versicherte
mich auch *jurejurando*, daß ers weder dem Churfürsten noch
dem grafen von Thurn hab wollen communicieren, damit eß
nicht auskeme, Ihr K. M:t zu undienst und dem von Wallstein zu disreputation und schaden. Waß man von dieser
offerte zu halten, und wie weit man sich auf offtbe:ten Wallstein verlaßen kan, daß werden Ihr Königl. M:t, dero hoch-
erleuchtestem verstande nach, woll bey sich wißen zu be-
sinnen. Ich habs bloß, wie eß mir angedeutet, referiren sollen,
mit angehaffter dienstlicher bitt, m. hg. h. digniere mich doch
mitt einer antwordt zur information, wie ich mich verhalten

soll, da etwaß weiters hierin gesucht wirdt, auch zur nachrichtung, wie meine brief bestelt und geliefert werden. Der
graf Brandstein hatt mich seither unterscheidliche mal angesprochen wegen der bewusten werbung, thuet dergleichen,
alß wen eß ihme lauter ernst were, wartet mit verlangen auf
Ihr K. M:t resolution, wo nicht eher, gewißlich mit m:r
Stinacker, durch welchen er auch Ihr K. M:t seine dienste
præsentirt hatt. Meine commission betreffend, dieselbe hab
ich, so viel eß sich hatt thuen lassen, mehrertheils effectuirt.
Den 5, 9 und 12 punct meiner instruction hab ich so mundt-
alß schriftlich proponirt, und werde deß Churf. respontz darzu
teglich vertröstet, hoffe eß nu[n]mehr ein mal zu bekommen,
möchte wünschen, daß eß so willfährig und guet bleibt, alß
sie langsam seind damit umbgangen. Den 10 und 13 hab ich
mündtlich beygebracht *sine ulteriori instantia,* weil ich große
difficulteten vermerckt, und mir auch express befohlen wirdt
alles mit maniere und *decenter* zu treiben. Die personen, derer
meldung geschickt in dem 14 *puncto,* haben sich sehr devot
und *officieux* erklert, hab sie, sampt etlichen confidenten
mehr, dazu gebracht durch gute promessen. Da Ihr K. M:t
gnedigst beliebte solche leut durch einiges gnadenzeichen
würcklich zu obligieren, bin ich versichert daß solchs nicht
übel solle angelegt werden. Womit etc.
     Dresden den 30 Decembris A:o 1631.
     P. S. Waß I. K. M:t in 6 *articulo* meines *præscripti*
gnedigst befehlen wegen des compositionstags zu Francfort,
dem hab ich auch allergehorsambst nachgelebt und so woll
bey hiesigen dahin deputirten alß andern deßhalber unver-
merckt erkundiged. Alle sagen daß die unverhofte advisen
von der Leiptzischer collation hatt verursacht, daß die damals zu Francfort anwäsende compositoren seind *insalutatis
hospitibus* von ein ander gescheiden und *re infecta,* allein
daß der kaysersche legat eine proposition gethan hat, welche
copialiter hiebey gefüegt.
     Pres. Frankfurth am Meyn
          den 28:e Januarii 1632.

V.
Heinrich Matthes v. Thurn an König Gustaf Adolph.

1632 Jan. 9.   *Orig. (eigenhänd.) im schwed. Reichsarchiv.*
     Eh. Khh. M:t gehorſomiste Nachricht zue geben ist
dieſes: der Fuerst von Saßen Franz Albrecht hatt von Ihr

khayßerlichen M:t (wie diefelb vorgeben) die Loßlofung erhalten und abgedankht, des mir etwas verwunderlich vorkomen, wail zwischen den Herzogen von Friedlandt, der des Generalat angenomen, und den Fuersten von Saßen jederzeit ain abfonderliche Lieb und Vertraun geweft. Daher ich *com bel modo* Glegenhait angestölt, das ich dießen Fuerften, so unter meiner Laibcompagnie gerithen, hernach ain Haubtmanfchafft bekhomen, fehen und etwas abnemen möchte. Haldt nit darfier, das mich mein gefchöpte Gedankhen vorfhueren, das die Räß, so der Fuerft noch Dräßen nimbt, auf etwas anders als Ihr Chuerfh. Dhl. zuem Frieden zue difponiren, angericht ist; den man es merklich auß den Difcursen versthen khan.

Apertamente haben fie erzelt, das alles gefchloßen und angeordent wahr Prag mit tappferer Refolution von zwaen Seitten anzugraiffen, welches aber der General Fuerft von Walstein nit haben wollen, sondern fein gegebne und aufgerichte Macht erwießen, das er *absolute* comendirt, bevolhen des Volkh ihn Quartir zue loßiren, ihn Landt ob und unther Ens, Marhern und Behöm fiech zu refrefciren, die Arme zue fterkhen, ihn guette Ordnung und Difciplin zu bringen; Prag where alzeit zue gewinen, von dan khönne man mit der Macht ghen, wie es die Glegenheit wiertt mitbringen.

Es wiertt fpöttlich von Ihr Fhn. Gn. von Walstein, ja von Feinden und Freunden, difcurirt, das man Wein und Geträd in unglaublicher *Summa,* auch von allen Viech noch Meikßen traibt, die, so siech so guettwilich und freundlich ergeben, so unerhörtt übel tractirt und spolirt zue selbst agner *Ruina*, daher laicht where abzunemen, das man nit die Gedanken hatt zu befiegen, sondern siech nuer raubswais zu beraichen, den die reichisten Kräß hett man ganz fpolirt, die andern Kräß khönnen und dörffen nit zuefhueren. Mit Prag wiertt elendigklich gehaust, khain Ersparung, daher unmueglich, das es ain Beftandt khönne haben. Der Hunger wiertt Bürger und Bauern tötten und die Soldaten ihns Elendt jagen. Mir wahr dießer Difcurs, so bey Hern Oberften von Hofkierch an der Tafl befchehen, fehr anmuettig, der es alß ain erlicher *Cavaglir* nit inprobirn khönnen. Es ist auch die ganze Regirung dießer Sachfifchen *Militia* durch die Hachel gezogen worden, das man die Päß, so man ihn Henden gehabt, vernachläßigt, des, fo man befezt, *mal* confiderirt, wie abfonderlich mit Rakoniz gefchehen, das khain Fuesvolkh bey der Reutterai gelegt worden, alfo das man Schimpf und Spott hatt.

Noch dießen ist man auf Jesuwider khommen, wie Herzog von Friedlandt ain großer Feindt derfelben, sie weder bai fiech noch umb fich gedulden wollen, alß der Außzueg von Prag wahr, auf der Jesuwitter Guetter selbst anbevohlen zue loßiren, wail sie die Larmablaßer und Urfocher des Ungluekhs. Des anfehlich Gebeu, so die Jesuwider zue Wien erbaut, dabai 2 ftatliche Thuern, fein wunderlicher Wais nieder gefallen mit der Spiez ihn das *Colegium,* der ander auf die Kirchen; da folches der Herzog von Saßen dem General Walstein erzelt, sagten diefelb: Schad wher es das die Thuern nit vol mit Jesuwidern wehren gestekht und der Pater Lemermon zuhöchft oben.

Obwol dem Keyßer fehr annemlich wahr des Prinzen auß Pollen *Offerta,* haben sie es doch nit annemen dörffen, sondern auf Guedthäßen des Herzogen von Friedtlandt verschoben, so es denfelben gefellig. Nun ist der *ordinari* Wuenfch, das der General wol, das der Teufl die Crabaten und Ungern von der Arme wek fhueret.

Alfo hatt fiech der Keyßer aller Sorg vnd Gefchaft begeben, seinem General alle Macht und Gewalt uberlaßen. Der junge Khönnig khan *Figliol de bon Tempo* sein, jagen vnd beißen Gott gebs zue ihrer *Ruina.*

Dat. Prag d. 9 Jenner 1632.

VI.
Laurens Nicolai an Philipp Sadler.

1632 Jan. 12.   *Orig. im schwed. Reichsarchiv.*

P. S.[1] Der Feltmar[schalk] v. Arnheimb hat bei seinem Abzug von hie mir offenbart, das der Fridländer ein Tag zuvor ihme durch eine vertrawte Person heimlicher Weise hat zu entbieten und ihn bitten laßen, weil er etwas wichtiges mit ihme zu communicieren hette, welches nicht stünde der Feder zu vertrawen, der von Arnheimb wolle sich nach seiner guten Gelegenheit verfügen an die böhmische Gränze, dahin Fridland auch abordnen vermeinte seinen Schwager den Grafen v. Tirska und durch ihn dem v. Arnheimb die Sachen zu notificieren laßen. Sagte er hette die Assignation acceptirt und dass der Tirska nimmer so *couvert* und listig sein solte, dass er nicht mercken wolle ob Friedland alteriert oder ob er noch in der versprochenen Devotion gegen Ihr K. M:t verharrete und bestendig bliebe. Was bei der *Conference* verlaufen würde, verhiess der von Arnheimb incontinent und *candide* zu entdecken.

----

[1] P. S. in chiffre zu einem Brief vom 12. Jan. 1632, der zwar von den Unterhandlungen mit Chursachsen, aber nicht von den geheimen Verbindungen mit Wallenstein handelt.

VII.
Heinrich Matthes v. Thurn an König Gustaf Adolph.

1632 Maj 11/21.   *Abschrift im schwed. Reichsarchiv.*

Der gnedigste Brief, so von den 4 Maij datirt, hat der
Obriste Lieutenant Steinackher den 9 umb Vesperzeit mir
eingehendiget. Vermag es nit in Worten, viel weniger in
Werckhen E. K. M:t zu verdankhen oder zu verdienen. Der
Herr Graf von Solms communicirt auß Lieb undt Vertrawen
dieß was E. K. M:t schreiben undt was er unterthenigst ant-
wortet, also das es unnott einige Meldung von diesem Zustandt
zu schreiben, weil deß Schreiben mit sampt den Beylagen
ordentlich undt richtig. Es war khein einiger Gedanckhen deß
Herrn Ambasciator oder daß ich es gerathen deß Spars
Schreiben, so ahn Arnimb, zu ubergeben. Wie wunderlich
undt unumbgenglich es sich geschicket hat, werden E. K. M:t
auß deß Herrn Grafen Schreiben zu vernemmen haben. Ich
bildet mir ein, Herr von Hofkirch möcht es ubel ufnehmen,
derwegen schickhet ich meinen wohlbekhanten geheimen Diener
mit einen außführlichen Schreiben von meiner eigenen Handt
an Herrn von Hofkirch, dessen Nahmen dem Churfursten
keines Weges genennet wordten. Arnimb aber, als ein Listiger,
khan es wohl erathen undt lest sich albereit merckhen in
diesem, dass er die Armée zusammen rückhen lest, wie er vor-
gibt, Herrn von Hofkirch aber lest er zu Prag, dass muss
auß Forcht undt Sorgsamkeit geschehen. Heut *dato* ihn der
Frühe reist Steinagkher nach Prag, was ihme anbefohlen treues
Fleißes zu verrichten. Sein Zurückhkunft erwarte ich mit Verlangen, der soll befürdert werden gegen E. K. M:t bey Tag
undt Nacht zu reissen, von allen richtige Relation zu thuen.
Alsobaldt man hören undt verspüren wirdt E. K. M:t Resolution sich an die Böhmische Gräntzen zu machen, werdten
Ihr viel herfür thuen, welche es ohn ein Hinderhalt nit thuen
haben dörfen, weiln die Gewalt undt Hindernüss gar zu starckh
auf uns gelegen. Itzundt ist es sonnenklar, warumb man mein
ansehliche *Offerte* der 5- oder 6000 Mann ohn einiges Endt-
gelt nit hatt annehmen wollen, da ich doch mich anerbotten,
solang ich von Ihr K. M:t, meinem allergnedigsten Herrn
nit abgefördert werdte, Ihr Chf. Dhl. treue Dienst zu leisten,
so sie persönlich an der Stelle, gehorsamb zue . . . . .¹, so
lang sie ein Feindt des Kaysers verbleiben; in Abwesenheit
aber deß Churfursten mit dero General Feldtmarschall ein

---

¹ Lücke in der Abschrift.

gutter *Compagnon* sein. Nit allein das man es nit angenohmen, sondern die Werbung unbefcheidenlich verwegert und kein Quartir verginnen wollen.

Herr Raczekh Khinsky, so deß Herrn Graf Wilhelm Khinsky leiblicher Bruder, ist ein tapferer, redtlicher *Cavaliere*, hat nahe in die 12 Jahr in Hollandt gedienet, gutte Reputation erlanget, hatt sein Capitainschaft resignirt zue dem Endt E. K. M:t nach Möglichkeit wohlgefellige Dienst zu leiften, sich zu bearbeiten ein Regiment teutfcher Knecht aufzubringen. Mir hat eine andere wohlhabende Person anerbotten Ihr die 500 Dragoner zu werben. Weiln mir aber alle Mittel vom Churfürsten waren abgeschnitten, hab ich es bleiben müssen lassen. Schreib und bearbeit mich an allen Orthen. Mit was tausendt Freudten liebt man undt hoft man uf E. K. M:t Gutt, Leib undt Leben aufzusetzen. Es hat ein ansehliche adeliche Frau E. K. M:t mit einer starcken Gelthülf wollen beyspringen, man ist hinter ihre Schreiben khommen. Wie der Obrist Klifing gehaust, Gelt erzwungen, Schuldtbrief genohmen, darunter einer uf dreymalhunderttausendt, davon mag ich kein Zeit verlihren noch lenger zu schreiben. Man durchgrabt das schöne Hauß, bricht ein die Mauren ein Schatz zu suchen. Die gutte Dame ist herein khommen, klagt, wirdt von Ihr Churf. Dhl. nicht fürgelassen, auch so wenig die Rhätt. Herr Graf Wilhelm Khinsky khan es belegen undt darthun, das uber 300000 Thaler ihme undt seinen Unterthanen befchehen. Könte man die wenigste Urfach finden auch das, waß er im Hauß, zu endtziehen, solt man es nit unterlassen. — Helt der catolifche Graf Trtzska seine Wort nit, so er in Prefentz meiner (!) Herrn z Bubna undt Herrn Rafchin geredet, so ist der Schaden sein, hat Gott uber den Hertzog zu Fridtlandt zu klagen. Sein Bruder, Graf Wilhelm Trtzska, so mich von Kindtheit an mehr alß seine Eltern gelibet, ist unser Religion, ein tapferes, heroisches Gemüth, hat dem Elendt nit zufehen khönnen in feinem Vatterlandt, helt sich ein zimbliche Zeit auf in Frankhreich, hat auf Polnisch *liberamente* gespendiret, die Eltern disguftirt, also das der Graf Wilhelm Khinsky die Treu mehr alß ein Schwager erweist ihne zu helfen. Der eylet sich E. K. M:t sich zu einem unterthänigsten Diener einzuftellen. Auß diefem werden E. K. M:t einen tapferen Helden abrichten, der Leib, Gutt undt Blutt wirdt ufsetzen.

Gott hat mir auß Gnaden das Leben widerumb gefchenckhet und mich alfo gesundt gemacht alß zuvor nie am Hertzen undt am Leib. Allein es gehet mir wie den Mauerfchwalben: wenn sie ufs Fletz fallen, so khönnen sie ohne Hülf nit ufstehen; wan man sie aber in die Höhe schwebt, so fliehen sie wackher forth. So gefchieht mir auch: durch eine kleine

Hülf aufs Roß will ich allegramente reutten undt in der That erweifen, das ich E. K. M. unterthenigster etc.

Datum Dresden den $\frac{11}{21}$ Maij a:o 1632.

VIII.
Heinrich Matthes v. Thurn an König Gustaf Adolph.

1632 Juni ⁵/₁₅.   *Orig. (eigenhänd.).*

Mit der hochften Freud der Weldt wolt ich mit Lueft alle Tag die Arbeit thuen E. Khh. M:t zu fchraiben, wen etwas wirdiges und warhaftiges wehre geweft. Zue taxiren und vernichten was folche hoch exftimirte Laidt alß Arnhamb, der Feldtherr, und die gehämen Rath negotirn und verrichten, würde E. Kh. M:t damit wenich gedint, und mir, der ich ihm Landt und Ringmauer, Unglegenheit machen. Ihr Churfh. Dh. in Sakhßen khomen zue folcher Adminiftration gar übel und zue khuerz darzue. Böhem ist ganz quitirt, sein Arme alberäth ganz ihn Meikßen, die *Ruina* des Landts vor Augen und die Gefahr, das man umb Geldt möchte rueffen. Man möcht wol fagen: Petter ftekh ain dein Schwertt, den derglaichen Fechten ist nichts werths. Schiekh dießn mein getreuen und gehamen Diener E. Kh. M:t auf fuerfalende Fragen zu antwortten, von allen so viel mueglich Relation thuen, auch das gehäme Schraiben, fo mir heudt abents umb 8 Uhr von Hern Rafchin aingehendigt, zue uberantwortten und E. Kh. M:t zue verfichern, das der Fuerft der von Walstein duerch den verfluechten Oberften Spar den Frieden hochlich fuecht und das man ohn denen Ortten ihn Sorg und Forchten fthet, jdoch ihr Churfh. Dh. fiech noch verlautten laßn ohn E. Kh. M:t Mit ainwiligung fiech zue kheinen Frieden zue verftehn. Sonderlich wolt ich es feftigklich glauben, wen ain agentliche Nochricht wehre von E. Kh. M:t Ankhunft. Ja, Landt und Leidt fchreien und rueffen, auch die ganze Arme, umb dero Hielff, fonften fchäzen fie fiech verlohren. Das ich alhir zue Landt blaiben thue, gefchicht von mir mit dem hochsten Unluest, großem Uncoften, den ich zu mein'n Vermögen mher Leidt und Roß hab alß des Vermögen wiert außtragen, alles zue dem Endt die Stuendt, alß ich die Gewißheit hab, wo Euer M:t Ihren Zueg nemen, fiech neben der ganzen Sakfifchen Armé aufzumachen und E. Kh. M:t uns zue untergeben, den nit genugsomb khan ich befchraiben die Lieb und unthertenigifte Affection, fo die ganze Soldadefka, ja auch das Landt zu E. Kh. M:t haben. Wie die

erlichen und redlichen Böhmen gehembt, geftört und ihn
Verfolgung fein, wiertt mein abgeordenter noch lengs erzellen
khönnen. Verblaib etc.

Datum Fraiburg den $\frac{5}{15}$ Junii umb 10 Uhr zu Nachts 1632.

BEILAGE.   *Orig. (eigenhänd.)*

L. v. Hofkirch an H. M. v. Thurn.

Die letzte ·Verichtung des Obriften Sparr, der vorgester
weck ift von Petterswalde, ist das Ihr F. Gn. der von Wallenftein
noch imerzu ftärker auf den Friden tringet, fchüzet allerlei gutte
Conditiones für, und wan man diefelbigen nicht wolde annemen, folden Ihr Churf. D. felbft Mittell nach Dero Beliben
vorfchlagen, ja, er hatt fich erbötten den Churfürften ein
Planckett mitt eigner Handt zu fchicken, darauf Sie Fridens
Artickel nach Ihrem Gefallen auffetzen sollen, vorgebent das
er sich auf die Redlikeit Ihr Churf. D. verlaßen, fchicken
aber wolle er nicht mehr. Ihr Churf. D. aber haben fich re-
folviret ohne Vorwißen Ihr M. in Schweden nichts einzugehen,
glaub das Sie geftern albereit solches Ihr M. avifiren laße.
In solchen *terminis* ftehet es noch itzo. Was weitter vor-
gehet, wan ich E. L. werde bleibent wißen, avifire ich mit
ehiften. Sonften ift es mit unfer Armee und Order alfo be-
ftelt, das mich die Minuten gantze Jar bedüncken, das Ihr
Mai:t der Konig in Schweden nicht zu unfe kombt. Gott
befordere es doch zu feines Namens Ehre und Lob. Alhir
höret man noch nichts gewißes, wo Ihr M. sein. Dießes kan
E. L. Ihr M. fchraiben und verfichern, dan ich es gewiß
weiß. Schließ alfo und bleib der

Gottleben d. 4 Junii A.o 1632.

fo eher sterben als sein
Resolution andern wird

E. L. trewer dien u. Sohn L. v. Hoffkirch.

IX.
Heinrich Matthes v. Thurn an König Gustaf Adolph[1].

1632 Sept. 17.   *Orig. oder Abschrift[2] im schwed. Reichsarchiv.*

Allergnedigfter König undt Herr. Nachdem E. K. M:t
under anderm jegen mich gedacht, ob nit Mittel sich finden

---

[1] Diefer Brief ist schon früher einmal gedruckt im »Svenskt
Krigshistoriskt Arkiv«, 2, n. 834.

[2] Der Brief ist wie aus den Schlussworten hervorgeht, nicht von
Thurn selbst geschrieben. Ob die gegenwärtige Vorlage aber von der
Hand Solms' ist, kann ich nicht entscheiden.

möchten mit dem Herzog zu Friedlandt zu tractiren, undt
ich mich darauf underthenigst erbotten den Sachen nachzu-
sinnen, alß hab meine geringe, unmaßgiebige Gedancken
E. K. M:t hiemit gehorfambft eroffnen sollen undt ist daruf
ahn deme daß, weil E. K. M:t einige Tractaten vor sich
anzuzetteln sich mochten disreputir-, auch Ihren erlangten
Victoriis fchiempfl- und schliesslichen der evangelischen Partei
nachtheilig halten, ich darvor achte, E. K. M:t hetten durch
ein beij bemeltes Herzogs zu Friedlandts F. Gn. gehörtes
Subjectum, welches *quasi aliud agendo* eine Reife ubernehmen
köntte, die Sachen tractiren laßen, worzu E. K. M:t den
Herrn Bubenaw pflichtbar machen und gebrauchen möchten;
stünde allein uff den genädigsten Beliebungsfall von dem
Modo undt der *Materia tractandi* reiflich Raht zu faßen,
worüber ebenmäßig meine trewherzige Gedancken E. K. M:t
genädigft zu vernehmen haben.

Weil der Herzog von Friedlandt von dem Kayfer sich
fo ahnfehnlich plenipotentiiren laßen, daß Ihre F. Gn. *cum libera
manu* zu tractiren haben, selbige aber von dem Hauß Oftereich
fchiempflich, daß Sie auch folches zu refentiren sich fo hoch
verfchworen undt verlobt haben sollen, tractirt worden, undt
dann dabei Ihre Furstl. Gn. wißent, daß die Tractaten uff
Seiten deß Haufes Oftereichs wegen deß spanischen undt Je-
fuitischen Rahts uff einen schlüpferigen Grundt undt böfes
Fundament pflegen gefetzt zu werden; uff den Fall aber wann
E. K. M:t welche Macht, Autoritet undt Vorteill in Handen
haben undt Ihre F. Gn. der Herzog von Friedtlandt, die uff
der Jegenseiten von dem *prae* sich rühmen können, under
sich dißfallß einer Intention wehren, einen gottgefälligen, be-
ständigen, reputirlichen Frieden tractiren könten: Alß stünde
zu vernehmen, ob I. F. G. der Herzog von Friedtlandt darzu
undt zu einer vorgehenten, vertrawlichen Conferens incliniren
thetten, welches falß von I. F. G. der *Modus et Locus tractandi* unvorgreiflich vernommen werden möchte.

Uff die Materien aber zu kommen, fo ift folche vor
allem der edele Friede, der da beftetiget oder gegründet werden muß uff Freiheit der Gewißen, Erhaltung der Libertet,
Herkommen, Constitutionen undt Privilegien, undt weil E.
K. M:t zu Erzwingung eines solchen Friedens so viell Kosten
undt Mühe ahngewendet, I. F. G. der Herzog von Friedtlandt auch uff der Jegenseiten das Werk ftabilirt, so hetten
sie darbey sich zu vergleichen, was sie zur Recompens in
Handen behalten wolten, damit ihnen die Autoritet undt
Mittel verplieben jegen diejenige, so inskünftig den edlen
Frieden brechen wolten, die *Arma* zu führen. Undt weil bey
diefem letzten E. K. M. außer allem Zweifel Ihre Gedancken

werden gefaßt haben, so will mit diefem abbrechent zu allen Tractaten Gottes miltreichen Segen gewünfchet undt mich underthenigft entfchuldiget haben, daß wegen meiner Leibs- indisposition ich diefes durch meinen Vettern undt Sohn, den Graven von Solms eigenhandig aufsetzen, auch meinet- wegen underschreiben laßen. Verpleibe damit etc.

Rotenbergk ahn der Dauber d. 17 Septemb. a° 1632.

X.
Extract Schreibens aus Breslau vom 26. April st. v. A≗ 1633.

$1633 \frac{\text{April 26.}}{\text{Maj 6.}}$° *Abschr. im schwed. Reichsarchiv (Tidö saml.).*

Die Böhmen kommen heuffig beim Hⁿ Grafen v. Thurn an, deßwegen ein anderer muss zurückftehen. Die Sachen werden durch 2 Böhmen außgefertiget, deren einer vor diefem fein Secretarius gewefen, der ander ift diefem adiungiret. Wie auch der gute Duwall wenig recht gethan hatt, es ist der Feder nicht zu trauen. Weil ich die Leipziger Meffe zu be- fuchen willens, wil ich fo dann von dar aus außführlicher be- richten. *Novi nihil* als das sich der Feindt bey der Neyß ftarck fehen laßen, derentwegen die Regimenter Schwed. und Sächsisch zufammen gefodert, aber ich beförchte, sie möchten *pro more* wieder zurück in die Quartier gehen . . .

XI.
L. Nicolai an Axel Oxenstierna[1].

$1633 \text{ Maj } \frac{7 (?)}{17}$ *Orig. im schwed. Reichsarchiv (Tidö saml.).*

Illustrissime domine.

Efter som hvar och en är skyldig att sökia och fordra ded gemena väsens nytta, män enkannerligen en godh *civis* och patriots plicht att låta *indesinenter* påskina sin devotion till sitt fäderneslands besta, göra dess fiender med rådh och

---

[1] Das Schreiben ist ein undatiertes Postscriptum zu einem an- deren Briefe und folgt in der Sammlung auf einem Briefe vom 7 Maij, zu welchem es auch wahrscheinlich gehört. Im Datum der Präsen- tirung, 12 May, scheint wenigstens kein Hinderniss dafür zu liegen. Es ist größtenteils in Chiffre geschrieben.

dådh afbreck, föga achtandes *cæteris paribus* antingen ded
sker *dolo vel virtute,* så felas fuller hos migh inted på villian.
Gåfve Gudh att machten vore hugen och moded *concolor,*
hoppades jagh att af min intention och flit skulle synas bettre
effecta. Interim remitterar jagh inted af de *curis* hvar till jag
natura och *propria sponte* vinculerad är, derföre och inted
mått försuma ett nytt *emergens,* som sigh se låter, hvilked,
om ded kune stellas i vercked, då är inted tvifvel att vår
stat kan derigenom ske stor lisa och fordel. E. Exc. moste
jagh uptäckia hvad ded är, nembligen någre persohner, som
general Fridhlandt mycked väl känna och icke allenast hos
honom *gratiosi,* utan jemväl uti hela kongeriked Böhmen
mycked förmå, hafve *per obliquum* igenom en deres confident
låted uptäckia migh ett anslagh de hafva för händer att up-
häfva Friedlandh för deras konung uthi den vissa *asseurance,*
att de kunna bringa honom till ruptur medh keysaren och
att taga vedh guldhatten, om de allenast kunde försäkra honom Friedlandh om Sveriges chronans sambt dess confede-
rade *suffragiis* och assistentz; äre och så vida komne, att de
igenom bemälte persohn hafva häröfver begärt mitt betenkiande,
enkannerligen att veta, om jagh trodde, ded E. Exc. skulle
kunna lida, att den tractat, som K. Maj:t för tu åhr sedhan
begynna lätt med Wallstein, reassumerades, och der Walsten
fattade denna magestarka resolution att bryta med keysaren,
om E. Exc. ville *certis conditionibus* på Sveriges cronas vegnar
facilitera och favorisera en så hårde (?) *entreprinse,* och på
hvad sätt fredh kunde försäkras, att han ifrån oss och våre
bundzgenossen inted hade att befara. Detta var så summan
på be:te böhmiske confidentz proposition. Jagh stelte migh
som jagh alrig tillförene någod hade vist eller hört af den
secreto tractatu med Wallsten, der till med inted tro någon
hemlig intelligentz K. Maj:t och Wallsten emellan hafva varid
å färde. Han refererade sigh på ett K. Maj:ts bref, ded Walsten sielf icke länge säden honom tedt hade, dess *contenta* han
viste *memoriter* att recitera, såsom och mycked seya om den
offerte kongen i Sverige hade derhos *in specie* igenom grefven
af Thurn låted göra. Jagh stelte alt på sin ort, svarade honom
först, att jagh E. Exc., mycked mindre de andra bundtsgenossers
interesserades mening härom inted viste, mente om E. Exc.
och flere härtill ville förstå och sigh *pro* Walsten declarera,
att man billigt hade orsak att fråga, huru Friedlandh E. Exc.
sambt dess interessenter assecurera kunde. Han svarade att
assecuration moste strax *realiter* ske med de sakers effectue-
rande man blefve enig om. Sädan att förfara om denna proposition mig var sked Walsten ovetterligen eller till eventyrs
på hans befallning, sade jagh ett sådant *facinus* vara af stort

betenckian och i synderhet tvenne *considerationes* infalla: en, om Friedlandh skulle till detta förslaget vela försöka, den andra, om ständer i Böhmen skole vela uphöya till deras konung en, hvilken störste delen af ridderskapet af extraction *pares* och en stor hop *superiores*. Han svarade sigh *intimius* känna Walsten, viste honom så ehregirug, att han detta inted recusera skulle, när han såge, att ded kunde säkert gå. Böhmiske ständer belangende, sie solten die finger darnach lecken, för efterfölliande skäl: att de se Böhmens total undergång för ögonen och merkia nogsambt att den genom inted annad än detta medel kan förekommas, efter Walsten hafver allareda landhed uti sitt våldh; 2) att Fridhlandh icke allenast är general nog *clarus* och de ypperste i Böhmen och Mehren antingen med consanguinitet eller med svågerskap förvandt, utan jemväl *res integra facto rege* och *cæsare* med; 3) att hån är gammal och siuklig, hafver inga barn och derföre riked snart kunne falla på en annan; 4) att han libertet, conscientz och *exercitium religionis* fritt låta skulle, mädan han sigh dess förutan om ingen religion mycket vexerar; 5) är jesuiternas spinna fiende; 6) *tenax verborum* och *fidei*. Desse och andre flere motiver blefvo oss emellan af och till desbatterade, och efter be:te persohn lofvade på sine principalers vägnar, ded de igenom en, två eller flere, om så rådsambt finnes, ville detta verck esbauchera, och jagh af hela hans discours inted annad förnam, än bara alfvared och dertill merkte, hvem honom apposterad hade, giorde jagh och, dogh som *privatus* och utan befallning, godh förtröstning, tog saken up *ad referendum*, lofvade migh vela hos E. Exc. detta negociera, som jagh flitigst och best kunde. Han repromitterade uti sine principalers nampn och *vigore literarum fidei* han hade, dedsamma. Och så som hela saken förnembligen består *in silentio et celeritate* bad han, wardt och så *reciproce* förafskedet, att man skulle skynda sigh och smida, mädan jerned är varmt, i medler tidh alt hålla secret och hemligen. Med sådan stipulation ryckte han tillbaka åt Praga, sinnader att komma igän emot enden på denna månaden, eller så snart han af migh blifver fordrad.

Det vore en förmätenhet af migh, om jag ville repræsentera E. Exc. mine phantasier öfver den nytta jagh tror ded gemene evangeliske väsended, i synderhet vår stat, skulle bekomma, och hvad notable afbreck hus Österrik skulle få, der detta anginge. E. Exc. ser sådant allt af eged högt upplyste förstånd nogsambt, andras påminnelse förutan. Fast och detta skulle företagas *irrito conatu* så ser jagh dogh inted, huru denna *menée*, när *caute* dermed omginges, kan i någon måtto præjudicera vår stat, utan snarare tiena, om icke till

annad, åt minstan att uprifva de gamble sår och göra Walsten
i sinom tid mehr *odieux* och fördacht hos keysaren, hvilked
skall kunna så mycked lättare ske, efter Walsten sigh hafver
allareda siälf giordt *suspect parficie* (?) och *ambitus*, dertill
med så *redobtable* att keysaren sigh för honom irresolut. Jagh
hafver inted mindre kunned göra än detta uti allsom största
hastighet således referera, ded öfriga hemställandes E. Exc.
arbitrio, att commendera hvad E. Ex. rådsambt och godt
finner, med etc.

> *Eminentia tua imperabit enodatori,*
> *ut omnia tacite habeat eodemque*
> *secum tumulet sepulchro.*

Datum ut in litteris.

Præsent. Saxenhusen d. 12 *Maji A:o* 1633.

Uebersetzung von Nr. XI.

»Illustrissime domine! Da ein jeder fchuldig ift, den
Nutzen des Gemeinwefens zu fuchen u. zu fördern, insbesonders
aber es die Pflicht eines guten Bürgers und Patrioten ift, indesinenter feine Ergebenheit zum Beften feines Vaterlandes her-
vortreten zu lassen, dessen Feinden mit Rath und That Abbruch
zu thun, wenig achtend ceteris paribus, ob dies dolo oder
virtute gefchieht, fo fehlt bei mir auch nicht der gute Wille
dazu. Gebe Gott daß die Macht mit dem Gemüthe und Sinne
concolor wäre, fo hoffte ich daß von meiner Abficht u. meinem
Fleiß bessere effecta erziehlt werden follten. Interim lasse ich
nichts nach von den Sorgen zu welchen ich natura et propria
sponte verpflichtet bin, deshalb auch nicht ein neues fich dar-
bietendes emergens versäumen darf, welches wenn es effektuirt
werden könnte, dann zweifellos unferem Staate große Er-
leichterung u. Vortheile verfchaffen würde. Ew Exc. muß ich
mittheilen was es ift, nämlich einige Perfonen. welche den General Friedland fehr gut kennen u. nicht nur bei ihm graciosi
sind, fondern wohl auch im ganzen Königreich Böhmen
viel vermögen, per obliquum durch einen ihrer Vertrauten
mir haben einen Anfchlag mittheilen lassen, den fie vor
haben, Friedland als ihren König zu erheben in der ficheren
assurance daß fie ihn zur ruptur mit dem Kaiser bringen
können u. den goldenen Hut anzunehmen. wenn fie nur ihm
Friedland der assistenz u. suffragiis der Krone Schwedens,
so wie feiner confoederirten verfichern könnten, fo ift das
nun fo weit gekommen, daß fie durch genannte Perfon hierüber
mein Gutachten verlangt haben, befonders zu wissen, ob ich
glaube daß Ew. Exc. würde zugeben können, daß der tractat
welchen S. Majestaet vor 2 Jahren mit Wallenstein begonnen

haben, wieder aufgenommen werden würde, u. wiefern Wallenstein diefen feften Entfchluß faßte mit dem Kaifer zu brechen,
ob Ew. Exc. wollte certis conditionibus im Namen der Krone
Schwedens ein fo fchweres (bedeutfames) Unternehmen er-
leichtern u. begünftigen würden, u. auf welche Weife der Frieden
gefichert werden könnte, daß er von uns u. unfern Bundesgenossen nichts zu befürchten hätte, das war fo die Summa
der Propofition von Seiten des böhm. Confidenten. *Ich ftellte
mich als ob ich vorher niemals von dem fekreten tractat mit
Wallenstein gewußt noch gehört hätte, auch nicht glaubte daß
irgend ein heiml. Einverftändniß zwifchen der Kgl. Majeftaet
u. Wallenftein beftanden hätte. Er bezog fich auf einen Brief
der Kgl. Majeftaet den Wallenftein felbft vor kurzer Zeit ihm
gezeigt hatte deßen contenta er auswendig zu recitiren wußte,
wie auch vieles zu sagen von der offerte, welche der König in
Schweden dazu gemacht hatte in specie durch den Grafen
v. Thurn.* Ich brachte Alles an s. Ort, antwortete ihm zuerst
daß ich nicht feiner Excellenz noch viel weniger der andern
Bundesgenossen Meinung wissen könnte u. meinte, wenn Ew.
Excell. u. mehrere hierzu fich verftehen u. fich pro Wallenftein erklären wollte, man billigen Grund hätte, zu fragen
wie Friedland Ew. Exc. fowie deren Interessenten ficher ftellen
könnte. Er antwortete, daß die assecuration fogleich realiter
gefchehen müßte mit der Ausführung der Angelegenheiten
über die man fich einigte. Darnach um zu vernehmen ob diefe
Propofition ohne Wißen Wallenfteins gefchehe oder vielleicht
nach seinem Geheiß, fagte ich, eine folche facinus wäre wohl
zu überlegen u. infonderheit kamen 2 considerationes in Er-
wägung, die erfte ob Friedland auf diesen Vorfchlag eingehen
wollte, die andere ob die Stände in Böhmen zu ihrem Könige
einen würden erheben wollen, welchem gegenüber der größte
Theil der Ritterfchaft fich als pares u. ein großer Haufen als
superiores fühlt. Er antwortete daß er Wallenftein intimius kenne,
wüßte daß er fo ehrgeizig fei, daß er es nicht verweigern würde,
wenn er fähe daß alles ficher gehen könnte; was die böhm.
Stände anbelangte, fo follten fie die Finger darnach lecken,
aus folgenden Gründen: daß fie Böhmens totalen Untergang
vor Augen fähen u. genugfamb merken daß ihm durch nichts
anders als durch diefes Mittel vorgebeugt werden kann, da
Wallenftein fchon das Land in feiner Gewalt hätte, zweitens
daß Friedland nicht nur ein General genugfam clarus ift und
mit den Oberften in Mähren u. Böhmen entweder verfchwägert
oder verwandt, fondern wohl auch res integra facto rege u.
Caesare auch; drittens daß er alt u. kränklich ist, keine Kinder hätte u. das Reich bald an einen anderen fallen könne,
viertens daß er libertaet, confcienz u. exercitium religionis frei-

2*

lassen würde, während er fich ohne dies um keine religion befonders kümmert; funftens Spinnefeind den Jefuiten ift, sechftens tenax verborum et fidei. Diefe u. andere mehrere Motive wurden von uns hin u. her debattirt, u. nachdem die befagte Perfon im Namen der principale gelobte daß fie durch einen, 2 oder mehrere, wenn es fo für rathfam befunden würde, diefes Werk ebochiren würden u. ich aus feinem ganzen Gefpräch nur Ernfthaftes heraushörte, u. dazu merkte, wer ihn apoftirt hatte, gab ich u. zwar wie ein Privatmann u. ohne Geheiß gute Vertröftung u. nahm die Sache ad referendum u. gelobte, daß ich bei Ew. Exc. diefes betreiben wollte, nach beften Kräften. Er verfprach mir wieder im Namen feiner Prinzipale u. vigore litterarum fidei dasselbe. Und da nun die ganze fache vornehmlich in silentio et celeritate befteht, bat er und wurde fo reciproce verabfchiedet, daß man fich beeilen u. das Eifen fchmieden folle, fo lange es warm fei, inzwifchen aber Geheimniß u. Stillfchweigen beobachten, mit dergleichen stipulation ging er zurück nach Prag mit der Abficht wiederzukommen gegen Ende diefes Monats oder fobald er von mir verlangt werden würde. Es wäre von mir eine Vermessenheit, wenn ich Ew. Exc. meine Phantafien über den Nutzen darftellen wollte, welcher wie ich glaube, das allgem. evangel. Wefen u. befonders unfer Staat gewinnen würde u. welchen bedeutenden Abbruch das Haus Oefterreich erleiden würde, wenn dies vor fich gehen würde. Ew. Exc. fehen das Alles wohl genugfamb aus eigenem hocherleuchtetem Verftand, ohne anderer Erinnerung. Wenn dies auch vorgenommen werden follte irrito conatu fo fehe ich doch nicht wie diese menée wenn behutfam damit umgegangen wird, in irgend einer Weife unferem Staat Schaden bringen kann, ohne vielmehr zu dienen, wenn zu nichts anderem fo doch wenigftens die alte Wunde wieder auszureißen u. Wallenftein feiner Zeit mehr odioes u. verdächtig beim Kaiser zu machen, welches um fo leichter wird gefchehen können, als er fich fchon verdächtig gemacht hat parficie et ambitus, dazu fo redoutable daß der Kaiser irresolut bleibt. Ich habe nichts weniger thun können, als dies in größter Eile fo zu berichten, das andere ift dem arbitrio E. Exc. anheim zu geben, zu commandiren was E. E. rathfam u. gut befindet. Eminentia tua imperabit enotatori ut omnia tacite habeat eodemque secum tumulet sepulcro.

Datum ut in litteris.

(præsentirt Sachsenhausen 12 Mai anno 1633.)

XII.

Instruction für den Generalwachtmeister Bubna an den schwedischen Reichskanzler[1].

1633 Maj 11/21.   *Orig. im schwed. Reichsarchiv (Tidö saml.).*

Meinem vielgeliebten und vertrauten Herrn General Wacht-
meistern wünsche ich zu dieser Reiß bestendige Leibesgesundt-
heit und alle glückselige Prosperitet und Wolfarth, auch daß
derselbe unsern hochgeehrten vielgeliebten Herrn Reichs-
Canzlern seine Excellentz in gefundten Wohlstandt glücklich
finden und antreffen, bey deroselben alles nach Wunsch und
Begeren verrichten und mit guter Expedition ehist wiederumb zurückkommen und gelangen möge.

Erstlichen Ihrer Exc. meine ganz willig und befliesfene
Dienst mit getreuen Wunsch von Gott aller seligen Wolfarth
zu vermelden und hierauf das bewuste Haubtwerk Ihr Excell.
bester maffen vortragen und nach dessen Verrichtung, so es
die Gelegenheit geben und begeret würde, den ganzen Statum
dieser Orten und sonderlich was bey Strelen vorgangen; item
wie es mit denen Obersten, so mit lehren Händen herein gesandt werden, bewandt und beschaffen; was vor Unordt-
nungen ich bey meiner Ankunft alhie gefunden, und welcher
Maassen unsere enge Quartir, dieses Fürstenthumb nunmehr
ganz und gar erschöpft und fast in euserste Ruin gesetzt
worden.

Ingleichen Ihrer Exc. vortragen und berichten, daß derfelben ich vielmals Schreiben zugefandt in angelegener Noth-
wendigkeit, insonderheit die ungerifche Sach (worauf ich auch
zimbliche Uncoften angewandt) betreffende; auch habe Ihr
Exc. ich berichtet, welchermaßen H. Arnimb den kayferifchen
auß diefen Landen die Zoll und Biergefell auf viel taufent
Reichstaler abfolgen laffen, so ich auch Ihr Churf. Durchl. zu
Sachfen offenbaret, darauf erfolgt daß nunmehr die Armeen
ingefambt folche Einkommen zu geniefen haben: hierauf aber
niemals von Ihrer Exc. einige Beantwortung und Refolution
erlangen können.

Letzlichen auch Ihrer Exc., fo es die Gelegenheit geben
möchte, mit wenigen Worten meinen Zuftandt berichten, daß

---

[1] In zwei Briefen an Oxenstierna vom 20. und 21. April (a. St.)
erkundigt sich Thurn in einer etwas auffallenden Weise, wo der Reichskanzler damals verweile. »Es geschieht«, heisst es im letzteren Briefe,
»nit ohn Ursach, damit ich ain gehaime vertraute Perfohn bey Tag
und Nacht khan abfertigen mit kheinen Lamentationen«. Es liegt sehr
nahe, hierin eine erste, verschleierte, Anzeige der Sendung Bubna's
zu sehen.

nemblichen ich bieß Dato in guter Gefundtheit gelebet und
den gemeinen Wolftandt in allem höchster Mögligkeit nach
bey Tag und Nacht zu befördern ich mir (sonders Ruhm
zu melden) ftets angelegen fein und mich alfo keine Mühe
dauren laffen, vor dreyen Tagen aber mich der liebe Gott
mit Leibesschwachheit (umb derentwillen ich auch aniezo
Ihrer Exc. nicht fchreiben können und mich dießfals zu endt-
fchuldigen treulich bitte) anheimb gefucht. Verhoffe aber der
liebe Gott baldt wiederumb zu voriger Gefundtheit umb seines
Nahmens Ehre willen gnediglich verhelfen werde. Amen.

Diefes und anderes, fo mein geliebter Her General Wachtmeister feiner wolbekandten Fidelitet und Discretion nach
hochgedachten Herrn Reichs-Canzlern vorzutragen für noth-
wendig erachten würde, thue ich demfelben hiemit treulich
befehlen mit nachmahligen herzlichen Wunsch von Gott, daß
seine göttliche May:t ihn und die seinigen auf diefer ganzen
Reise durch seine heiligen Englein begleiten, glückfelige Verrichtung befcheren und uns hinwiederumb balde mit frölicher Zu-
sammenkunft erfreuen. *Actum* Liegniz den [11]/[21] Maij *Anno* 1633.

Henrich Matthes Graf von Thurn
General.
(Siegel.)

XIII.
Sten Bielke [1] an Axel Oxenstierna.

1633 $\frac{\text{Mai } 25}{\text{Juni } 4}$ *Orig. im schwed. Reichsarchiv (Tidö saml.).*

. . . . . Öfv Krockow, som hith i går kom uthur Schlesien
han förmäler, att vist i Schlesien en tractat är emellan Fried-
ländaren och denna sidans armeer, uti hoilken tractat och
grefven directoren är interessendt, män de andre af våra
officerare blifver därom intedh communiceradt. Han Krockow
hade dedh uti förtroende förnummet af h. v. Zerothin och
sädan däd igiän oppenbarat öfv. Bohm:andra veta inted här
utaf. *Contenta tractatus* som han förnummed hade skulle vara
dessa, att evhera Friedländeren i Böhmen till den dignitet
E. Exc. väl kan tänkia, läggia Schlesien till Meissen och op-
draga grefven-directoren *summam post regiam in Bohemia
nimirum burggraviatus dignitatem.* Hvad nu härom vara kan,
läther jag i sitt värde. Män är sådant sant och sker utan

---

[1] Schwedischer Legat und Generalgouverneur in Pommern.

deras ordre och consens, som vederbör, ser man görligen
hvad man sig till en och annan hafver att förlåta . . . .

Datum Stettin den 25 Maji Anno 1633.

XIV.

Friedensartikel von dem Herzog von Friedland als kaiserlicher Generalissimus Juni 1633 vorgeschlagen.

Die bekannten sieben Punkte, die schon Chemnitz mitgetheilt hat (II, S. 136) in einer ziemlich schlechten Redaction
und »Breslau den 15 Juni 1633« datiert. In einem Briefe vom
20. Juni hat der schwedische Generalguvernör in Stettin Sten
Bielke die von Friedland vorgeschlagenen Friedensmittel an
den Reichscantzler nebst zwei anderen Beilagen (A—C) eingesandt. Zwei von diesen (A und B) sind unter den Papieren
Oxenstiernas noch da. Ich kann nicht mit Bestimmtheit entscheiden, ob die hier angeführten »Friedensartikel« die von
ihm eingesandten seien; wenigstens sind sie nicht, wie sie in
Analogie mit den beiden andern sein sollten, mit C signiert.
Eine andere Redaction der Vorschläge habe ich in den schwedischen Sammlungen nicht gefunden.

XV.

Relation des Generalwachtmeister Bubnas.

1633 Maj.   *Orig. im schwed. Reichsarchiv (Tidö saml.)* [1].

Ihrer Excellentz Herrn Reichs Cantzlern beschicht zu
ersparung der zeit dieße schriftliche relation gehorsamblich,
was die selbe zur erleiterung befragen wolten, bericht zu tuhn:

Als ich in Behem sambt den hern Jaroslaw Raschin auf
des firsten von Fridland pas und begeren mit Ihr Exc. des
hern grafens von Turn beliebung und guetheissen gereist, pin
ich zu Gitschin in der nacht umb zehen uhr ahngelanget und
habe alda benebens hern Raschin in beiwesen hern obersten
graf Tirtschken, deme ich ahnbevohlen war, audientz gehabt.

Erstlichen bei leithseliger, anmutiger empfahung sagt der
first schertzweise: sind wir feindt oder freindt. Gab zur andtwort: ich were auf Ihr firstl. gnad. bevehlich ahn khommen
zu dero besten, was sie mir comendiren wolten.

---

[1] Auf der letzten Seite hat Oxenstierna geschrieben: her v. Spubena.

Darauf sagt Ihr firstl. gnad.: seindt wir nicht ertzlappen das wir einander die köpfe zerschmeißen umb anderer willen, da wir uns doch gewinschten frieden, in deme wir die armeen in unserer macht haben, machen khenten.

Ich geandtwortet: wen auf ihrer *adversari* seiten allen also wie Ihrer firstl. gnaden zu trauen were, so könte man leichtlich darzu gelangen. Ihr firstl. gnad. aber weren den todt auch undterworfen.

Die löbliche kron Schweden, also auch wir, wollen vom keiser nichts wissen noch heren. Dann wann auch gleich der selbe das was er verheist halten wolte, so were er doch von seinen pfafen also und dermasen eingenommen, das er nach ihren willen leben und thun miste, was sie wollen, und hete man mehr als ein exempel und beischpil an uns, wie uns der vom keiser Rudolfo ertheilte maiestatbrif were gehalten worden.

Wann abr Ihr fir. gnad. das jenige, was dero selben Ihr Exel. der her graf von Turn vor wenig tagen durch hern Raschin schriftlich ubersendet, belieben und die böhemische kron auf sich zihen wolten, so wehre mit Ihr fir. gnad. persohn ein beßerer zutrit zum friden zue gelangen. Mit dem keiser sei es eine vergebliche sache, in masen dan auch der hochlöblich und heiliger gedachnus wirdige könig zu Schweden solches Ihr gnad. vor allen und andern vergönnet und sie dabei hete manuteniren und bekreftigen helfen, weliches alles Ihr Exell. herrn schwedischen Reichs Kantzlern und hern grafen von Turn, also auch mir bewust ist.

Hierauf vermeldten Ihr first. gnad.: was die krone, das wehre ein gros schelmschtuck. Es wehre zwar war, das der keiser ein fromer her sei, liese sich aber fast ein itwedern pfaffen und bernhetern anfiehren undt verleiten. Wir misten sie aber nicht darzu kommen laßen. Wir selbsten könen uns ein gueten frieden machen, die wir die armeen in unseren henden haben und einen solchen friden, der zure allgemeinen wolfahrt nicht nur einem oder den andern teiln, sonder allen und jeden, sowohl den ewangelischen als den catolischen und den catolischen so wohl als den ewangelischen, zum besten mit einerlei recht únd gerechtikeiten. Und was wir, die wir die armeen in unserer macht haben, abhandlen und schliesen, das misten auch die anderen, so gleich nicht wolten, annehmen und belieben. Wie wir uns auch umb der allgemeinen wolfahrt willen vergleichen und schliesig sein würden, darbei solle es auch gantz volkomblich und bestendiglich verbleiben.

Nun habe ich dannoch vernehmen wollen, zu was ende und ziehl solches gemeinet sey, wenn gleich wol der keiser hinfiero verbleiben solte.

Işt mir die andtwort worden: es soll auch hieinnen (?) der keiser nichts zu schafen haben, sondern wir selbst wollen alles rychten und was von uns gericht und gemacht wirdt, darbei mus es auch also verbleiben. Die pfafen ziehen gelinde seiten auf und weren des krieges satt und uberdrißig, die misten und würden gerne schtill schweigen, und haben sich Ihre firstl. gnad. hoch verbunden und verschworen, das solches friede nur alein der algemeinen wolfahrt und einem itwedern, der unrecht leidet, zum besten und zum restitucion gemacht werden solte, ja sich dahin erklert, wann sie es nicht treulich und aufrichtig meineten, so solte gott deroselben seelen die selikeit nicht geben und verleiehen, denn wenn sie es nicht redlich meineten, wolten sie es gegen mir nicht erwehnen undt reden. So kennete ich auch Ihre fir. gnaden vil lange jahre etc., mit fernerer vermeldung, wenn nun Ihr gleich der krig eine lange zeit fiehren woltet, so habt ihr kein haubt. Der kurfirst zu Sachsen solte undter eich im reich der vornembste sein. Was ist aber derselbe ein vieh, und was fiert er vor ein leben. Ich rede es vor eine gewiße warheit und versichere ihm, das der kurfirst dem keiser zuegeschrieben, er wolte im reich eine zusammenkhunft ausschreiben, wie wohl er an der erscheinung zweifeldte, so tehete ers doch nur umb der gewohnheit willen, denn wenn sie nicht erscheinen wolten, so wirde er zum keiser zu treten ursache haben, vor die Schlesier wirde er auch nur beim keiser *pro forma* intercediren. So were der kurfirst zu Brandenburg auch unbeschtendig.

Von Ihrer König. Mei:st. der Printzesin vernehmen Ihr fir. gnaden, das die selbe zu königin in Schweden gekrehnet sey und wirde das regiment im reich nicht fiehren können. Heten wir nun unsere intention auf den könig in Frangkreich gerichtet, wirden wir es dis fals auch nicht verbeßern, denn ob sich zwahr der selbe annitzo auch mit einmischet, so sei er doch gleich also jesevitisch, als keiser nimer mehr sein könte.

Hierauf ich vermeldt, das der hoch löblichste könig, kristmildseligster andenkens, noch bei seinem lebenszeiten dies alles hoch vernomftig bedacht hat und weiln sich Ihre May:t einmal dahin ergeben diese sache mit der hilfe Gottes auszufihren, so heten sie ihrer als wan sie der aller geringste soldat gewesen nicht geschonet, sondern auch auf den fall wann sie nach Gottes willen mit tot obgingen, in allem anordtnung gemacht so wohl der kron Schweden als der hern Reichs kantzler wegen, wie si sich in allen Sachen verhalten und den krig viel lange zeit, weil derselbe continuiren würde, fiehren solten. Ihr Exc. der her Reichs kantzler als ein könig: legatt expedirte alle sachen, were der aller vornehmbste und

dependirten alle armeen von ihm und wirde alles also diri-
giret und gerichtet, das es in gueter ordnung verbleibet. Und
were in königreich Schweden eine soliche bereitschaft, das
man, wenn es die notorft erfordete und begehret wirde, in
die 30 tausendt mann haben und erlangen könte. Annitzo
aber were man derselbe nicht bedörftig und heten des aus-
erlesenen gueten krigsvolgk in uberflisige notorft.

Ihr fir. gnad. vermeldten darauf und rümbeten zwar zu-
förderst die könig. M:t zu Schweden sehr wohl und erwehnten
dieselbe hoch ansehnlich, das sich Ihr Mai:t nit anders er-
klehrt und zu dem ende die waffen ergriffen hetten, damit
den beengtisten und betrengten kente geholfen werden, nur
allein in der allgemeinen sachen.

Nun könte abr diesem unheil nicht anders geholfen werden,
Ihr firstl. gnad. wolten solches auf sich nehmen und in deme ·
sie die zwo armeen vereiniget, worbei sie verbleiben würden,
dasselb miste alleso effective sein und bleiben.

Der her graf von Turn were ein alter soldat und damahls
als Ihr firstl. gnad. noch ein junger her und keine pflicht
gehabt, albereit ein obrister geweßen und meretirete vil.
Zweivelte nicht er der her graf wirde nicht darwider sein und
könte generallaitenamt und herzog Frantz Albrecht zu Sachsn
feldtmarschalkh werden. Der kurfirst v. Sachsen und der Baier
misten geldt her schwitzen undt anheimb gesucht werden.

Von Ihr Exc. den hern schwedischen Reichs kantzler
wisten Ihr firstl. gnad. das er ein ansehnlicher hoch verschten-
diger herr were und verhoften Ihr Exc. würden auch der
meinung und des sines sein, damit alle sachen zur allgemeinen
wohlfahrt einem itwedern zu helfen und die religon an beiden theilen frey, auch die alte freiheit und gerechtikeyten
restituiret zu haben ihren ausschlag erreichen mogen; und
wann nun dieses also auf ein ort gebracht, so wirden Ihr Exc.
daraff bedacht sein, das durch Ihre ansehnliche reputation
diesem unheil auch einsten abgeholfen und Ihr also auch den
fryden belieben laßen.

Auf des sagete ich Ihr Exc. hern grafn von Turn solches
ahm zu melden und hir zu vor meine persohn ein mehrers zu
reden wehre ich nicht bevehlicht worden. Ich wiste aber so
vil, das der her graf Ihrer Exc. dem hern Reichs kantzler
solches würde anzeigen und ohne dieselben willen vor seine
selbst eigene persohn nichtes vornehmen könen. Hiermit wir
also von einander schieden.

Das anderen tages früe, söndten Ihr firstl. gnad. hern
graf Adamen Tirschka zu mir mit vermeldung: Si schtunden
in dehnen gedanken als wen Ihr firstl. gnad. ich nicht wohl
verstanden hette, wiederholeten also diese unsere vorige reden.

Deme vermeldete ich, das ich alles sehr wohl verschtanden und man ginge darauf das der keiser dennoch her verbleiben solten und wann mann uns befriedigen hete, die pfaffen hien widerumb den keiser aufs neue anhetzen könten, sintemal sie Ihre schtüklen(?) nicht laßen wirden, so lang dieses haus regiern tehete. Bemelter her graf geandtwortet: was den keiser anlanget solt derselb hirin in dieser sach nichs zu tuhn und zu schafen haben, sondern nur wir die armeen aleine und weßen wir uns endschliesen würden, das miste also sein verbleibens haben und solte von ihme ich nur kein andere gedanken schepfen. Gott wolle ihm darvor behiten dass er mir als seinem alten freun ein anders reden solte, mit dieser ferneren vermeldung, das Ihr firstl. gnad. gerne sehen, wann ich leibes schwacheit halben solches alles dem hern Reichs kantzler comuniciren könte und ob Ihr Exc. sich mit demselben personlich ersuchen oder durch gewise personen derentwegen undterredung pflegen laßen wölten, dass wirde bei Ihr Exc. discretion verbleiben.

Und was der her graf diesfals vor eine resolution nehmen wirde, da solte der her Raschin alspald widerumb zu Ihr fir. gnad. sich verfigen und solches anzeigen.

XVI.

Axel Oxenstierna an den Generalwachtmeister Bubna.

1633, $\frac{Mai\ 28.}{Juni\ 7.}$ *Concept (eigenhänd.) im schwed. Reichsarchiv (Tidö saml.).*

Aus des hern generals grafen v. Turn L. schreiben undt meins hochgeerten herrn communication verstehe ich, das der her keyserlicher *Generalissimus* nicht ungeneiget sey sich mitt mihr undt uns allerseits zu vertragen undt einen heilsamen frieden wiederumb helpfen anzurichten, auch sich mitt mihr zu besprechen oder durch *deputatos* tractiren zu lassen, wie solches mitt mehren umbstenden von meinem hochgeerten herrn ist referieret worden. Zur nachricht undt information berge ich meinem herrn nicht, das nicht weiniger meine jetzige principalen, die regierung in Schweden, dan Ihr hochseligst K. M:t, nuhn mehr in Gott ruhendt, weilandt mein herr glorwürdigsten andenkens, bey dero lebezeiten gewesen, eines bestendigen sichern friedens begierig seien: Woruff aber derselbe beruhe undt welcher gestalt dahin zu gelangen, damit beyden theilen contentament geschehe, hatt seine schwierigkeit undt difficulteten gehabt undt will sich noch nicht endern. Nach dem aber aus meines hochgeerten herrn gethaner relation ich nicht abnehmen können, ob der herr keyserlicher *Generalissimus* intendiere uff einen durchgehenden allgemeinen frieden, vermittelst welches die jetzige unruhe undt geführete wapfen ordentlicher weise undt durch tractaten zwischen beyden contendierenden partein hingeleget undt uffgehoben werden soll; oder aber ob S. F. G. *in particulari* als ein *Generalissimus*, der die keyserliche armee in seinen henden undt gewalt habe, vor sich mit uns tractieren undt also *per indirectum* den frieden der mahl eins reducieren undt dem keyser, auch der liga, die *conditiones* vorschreiben wolle; damitt ich nun meine unvergreifliche meinung uber das eine undt das andere eröpfne, als hat das erste sein bewenden, undt seindt viele, die sich dahin bemühen; wünsche meines theils, das es gehen möge, undt soll nicht lassen, so viel an mihr, was dazu dienlich. Weiln aber die sache nicht allein angehet zweier streitende heupter, so entweder selbsten ihr werk regieren oder von einem formierten *consilio* dependiren, sondern es gehören hierzu so viel interessierte heupter undt communen von einer undt anderer seite, undt seidt die streitigkeiten uber der massen in einander gewickelt; die sachen sich auch eins undt anders theils also verlauffen, das sie nicht ohne grosse beschwerde zue redressieren seien, es sey den das der eine oder der andere cedire undt nachgebe; derowegen finde ich nicht allein hierin grosse difficulteten, sondern halte es auch darfür, das ein solches sich nicht tractieren lasse ohne der principalen gebürender vollmacht undt instruction, welche ob sie zuvor möchte (?) können erhalten werden[1]; scheint auch, es sey dann, das Gott einen andern ausslag giebet, dass es zue letz dar zu kommen müsse.

Dannoch wirdt man mit Abreumung der hindernüsse undt ufschuebes so viel zu tuhn kriegen, nach art undt eigenschaft der Stenden des Römischen reichs, das viele noch übrige stende undt lande zu grunde gerichtet werden möchten, ehe undt bevor solche tractaten angestellet, viel mehr ehe sie geendiget werden können.

Das ander aber, da der her keiserliche *Generalissimus in particulari* undt vor sich mit uns tractiren wolte, scheint der rechte wegk zum friden zu kommen zu sein. Meines S. konigs *dessein* ist mihr bekant, und sehe keine prompter manier dahin zu gelangen, als wan S. F. G., so die keyserliche wapfen in seinen henden hatt undt ohne diess der lige, so jetzo nicht

---

[1] Die Worte von *welche* bis *werden* geben keinen guten Sinn, sie sind allerdings fast unleserlich.

von grosser consideration, mechtig ist, sich mitt uns *in parti-culari* wolten vergleichen. Undt nach dem sonder restitution der aus der chron Behem undt keyserlichen erblendher exu-lirenden cavalliren, auch restabilierung der wohlhergebrachten böhmischen freyheit, so in religion als politik wesen, kein vergleich zu treffen, der aber keins weges vom Keyser undt haus Österreich zue vermuthen; ich geschweige andere des Römischen reichs fürsten undt stende *gravamina:* als würde von nöthen sein, das das fundament unsers vergleiches dahin ziele, das der her keyserlicher *Generalissimus* sich mitt uns *à part* vergliche, den keyser undt liga allerdings ausgeschlossen; undt damitt das werk recht gefasset würde, sonder uffschub oder seumbniss, sich der chron Behm undt incorporierten ländern impatronierte, undt die stende gedachter chron ihme die chron uffsetzten. Uff welchen fall ehr nicht allein keine hindernüs von uns zu vermuthen hette, sondern were ich in nahmen meines vaterlandhes erbötig mit S. F. G. mich zu vereinigen undt allieren undt seinen *dessein* helfen, stercken undt promoviren undt, da ihme an einem oder andern ort hindernüs eingeworffen werden woltte, zue adsistiren nach art undt manier, wie wir uns vergleichen würden: mitt dieser con-dition, das S. F. G. sich im gleichen obligierte gegen meine jetzige junge königinne undt mein vaterlandh, das sie deren wolfardt sich woltte im gleichen angelegen sein lassen, jetzo undt ins künftige, auch dieselbe helfen vertreten gegen ihre feinde, undt bey kunftigen tractaten sich ihre satisfaction auch lassen bevohlen sein, wie nicht weiniger der andhern alliirten stenden im Römischen reich gemeines wesen zum guten ende verhelpen lassen, wie man sich dessen weiter vereinbaren könte. Da nuhn S. F. G. hiertzu inclinierten, hielte ichs anfangs vor gutt, das man sich erstlich gegen einander durch verschwie-gene [undt] vertraute personen expectorierte, undt wan man ein andher nicht verstünde, als dan entweder durch deputierte oder einen personal congress in der eile das werk schlüsse undt effectuierte. Als dan wirt der friede all gemechlich von sich selbst folgen undt der sachen eine endschaft gegeben werden. Das übrige wirdt mein hochgeehrter herr weidter wissen zue deducieren undt aus unserer mündtlichen commu-nication erkleren. Hiermitt wünsche ich Ihm eine bestendige gesundheit, gute leibes krefte, glückliche reise undt gewünschete verrichtung undt verbleibe zur jeder zeit

Meines hochgeerten herren dienstwillige

Datirt Frankfurt am Main den 28 Maij A:o 1633.

An den hern v. Spubena.

XVII.

Heinrich Matthes v. Thurn an Axel Oxenstierna.

$1633 \frac{30 \, Maj}{9 \, Juni}$ *Orig. (eigenh.) im schwed. Reichsarchiv (Tidö saml.).*

Euer Excel. 3 Schraiben fampt den Bailagen hatt mir Oberft-
leitenampt Schaffman geftern Abendts fpat aingeantbortt, sein
alfo noch der Canzlai außfertigung die 2 Brief aufgehalten
und gefaumbt worden 2 Monet, des 3 Schraiben noch dem
Datum 29 April 1 Monet außblieben. Hab es ihn mein Herzen
ftilfchwaigendt oftmals befeufficzt.

Die fchedliche verfloßne Zeit nit noch mehrers zue verlihren, hab ich es ihn Gottes Namen gewogt auf mein hofende
Verantwortung Ihr Fh. Dh. in Siebenbirgen, auch Hern Strasburger gefchrieben den 17/27 Maij bey ainen treuen und
aufrichtigen Man, den ich mit Roß und Zerung (wie bai mir
gewönlich) verfehen mießen, eilendts gefchikht, nit weitter
alß bies nahet noch Trenschin ain 3 Mail über die Marifche
Granczen. Da ift des Fuerften ihn Siebenbürgen getreuer,
aufrichtiger Diener, der nimbt es ohn und schiekht es bai
Tag und Nacht forth. Dießer weitte Weg wiertt in ain 7 oder
8 Tagen gerithen, welches faft unglaublich, darauß zu fpieren
die große Afection, Euffer und Lieb zue dem evangelifchen
Weffen.

Ihr Fh. Dh. ihn Siebenbuergen, auch Hern Strasburger
haubtfachlich dies gefchriben, das ich fhuer mein Perfohn
die aingelegten Puncten, so Euer Excel. ich ungefaumbt gefchikht, fuer billich und rechtmäßig erkhenne und nichts darin
dificultire, auch folches mit meiner Handtfchrift und Botfchaft
bekreftige, damit khein Verfaumnüs ervolge, hoch promitirt
folches bey Euer Exc. zuer Ausfertigung und Vergwißung zu
befuerdern.

Morgen, gelibts Gott, werden Euer Excel. schreiben noch
Siebenbirgen fort geschikht. Hab ich ihn mein Schraiben
gegen Ihr fh. Dh. ihn Siebenbuergen *ex liberalitate* zue weith
gangen, bitt Euer Excel. sie wollen es nit übel verfthen und
empfinden. Die confœderirten Lander wehrden es ihn khurzen,
wiels Gott helffen, gueth machen.

Man vernimbt von der schwedifchen, sächsischen und
brandenburgifchen Armé was die laichte Raiterai vermag.
Sie dörffen wol nit die Hoßen abziegen und den Ziegl auß
der Handt laßen, werden auf allen Saitten travalirt, die Pro-
fiondt abgefchnitten und sehr viel gefangen. Des Feindts
schware Reiterai lebt *commodo,* reposirt und warth der Zeitt.

Ohn mir ist von ain drey Wochen her nichts gesundes alß des Herz und der Khopf, schraib dies mit großer Beschwar und schiekh dießen agnen ihn höchster Ayl zue Euer Excel. nottwendig zu berichten, das verschinnen $\frac{27\ Maij}{6\ Junii}$ beide Höre ohn ainander gerückht, dabai Ihr Fh. Gn. von Walstein persönlich geweft und des andern Tags Stielstandt zwischen den Armeen gemacht auf zwo Wochen. General Leitenampt Arnhamb weis nuemher von denen Gehamnüßen, wünscht nit allein glückh derselben Persohn zu den Ländern, sondern wenn es noch mherers wehre. Fuerst von Walstein begert mit mir hochwichtig Sprach zu halten. Es ghe mir ihn der Gesundtheit, wie Gott wiel, so mues es doch sein. Er ist auch am Podagro krankh. Mit was fhuer Verlangen ich auf den Hern General Wachtmeister z Bubna verwarthe ist Gott wißendt.

Auß Mattigkeit khan ich nit mehr schraiben. Bevilch mich etc.

Lignicz den $\frac{30\ Maij}{9\ Junii}$ 1633

Die Glokhen, so aintails Befelichs haber haben gießen wollen, ist Gott umb die Offenbarung zu dankhen und die Ehr auch dem zu geben, so es remedirt und gehembt hatt. Ich hab ainsmal von ainer hochintonirten lateinischen Persohn zue Hall weid aufsehende Discurs gehörtt, hab mit sehr hieczigen und eufrigen Wortten also geantwort, das man die Pfeifen aingezogen. Hatt mein Vetter der Oberst vil (?) Rath und Mainung darzu geben, so verfluech und vermaledai ich ihn. Wiel alhie guette Obacht haben, zue solchen Sachen findt man unter den Schlefingern Vögel, die der Teufl zu rupfen hatt.

XVIII.
Heinrich Matthes v. Thurn an Axel Oxenstierna.

1633 $\frac{Maj\ 31.}{Juni\ 10.}$

Gebitender liebster Herr, Euer Excelenz hab ich mir ihn mein Herzen vorgenomen mit kheinen Khlagen, Beschwarnüßen und Geldtfordrungen fhuerzukhomen, sondern leiden, schweigen und vertragen, allen Kreften aufbithen, ob ich solches selbst remediren khöntte. Wen ich aber die Sach recht ponderir, so ist es nit allein meiner Persohn, sondern besorgendt dem gemainen Wolstandt gefarlich, den ich möchte hernoch inculpirt sein, es wehre nit angezagt und noch erhaifchender Notturft procurirt worden.

Der Anfang der schwedifchen Armé wahr in der erften
Ankhunft khlain oder guett volkh, khomen ihn ain volles
Landt, da war khain Abgang. Wie man aber damit umbgangen,
bien ich gefast solches ihn ain ordenliche Verzaichnus zu
bringen. Freilich wol möcht man fragen, ist es mueglich, wo
ist es hinkhomen? Ich wiel nit beschraiben den Geiz und
Agennuecz, allein das ist ain Jammer und ain Spott, das man
bai solcher fuertreflichen Glegenheit, Überflues und Wolfai-
ligkeit des Geträdts kheine Profondtheußer ihn unterfchid-
lichen Orthen aufgericht. Der gröste Stos und Ruina dießer
Armé waren die unbedächtigen, neuen, uberheuften übelauß-
gethailte Werbungen von aintails schlechten, übel qualificirten
unwirdigen Oberften, die haben alfpalt die Befelichshaber
ihnen glaich bekhomen, da wahr der ganze Stab bies auf die
Stekhenknecht fhuer vol. die Reitter oder Knecht mögen noch
geworben werden ihn ain Jar oder zwa, ja auch nimermher.
Solchen Schabhalßen hatt man auf ihr Volkh, des sie nie bekhomen, Quartir geben, die Befelichshaber ihr Verpflegung
stattlich ordenlich aingenomen und dabaj Regiment gehalten
und Profit gefuecht, das bliethen hett mögen.

Wie ftarkh man mit der schwedischen Armé vor den
Feindt gestanden und siech jeczundt befindt, wierth sich khaum
viel zu fagen 4000 befinden: das ift ja wenich oder der Befelichshaber viel. Die Quartir und dies ganz Furftenthuemb
ist auf den eufriften Grad außgefogen da ist nichts übrigs alß
das liebe Geträth auf den Feldt.

Mit großen Glimpf und Befchaidenheit supliciren und bitten
die Befehlichshaber, alß diefe Bailag außweift. Mir bricht mein
Herz, das ich ihnen auf dismal nit helfen khan, wie gern ich
woldt, doch hab ich ihnen Contentament geben, auf lang khan
es nit wehren.

Gott ist mein Trost und Hofnung, der wunderliche Werkh
thuet, seinen Willen volzuziehen, der wierth die Sach, so Herr
General z Bubna negocirt, fegnen. Außer diefem und wen ich
khein Hielf bekam, fo ftündt ich in Gefahr Spott ainzulegen,
wolte lieber tott sein.

Begirig ist der General Commissari Khemptendorf noch
Euer Excel. geräft, Herr Comendur Duboldt wider Zusaz und
Handtfchrift blaibt lang auß, haben viel verfprochen, den
Kharn verfhirt und mir denfelben heraußzuziegen überlaßen.
Dies mues ich wie ungern ich es thue Euer Excel. wißent
machen, das diefe Arme, fo man sie khan alfo wol nennen,
ihn der gröften Verwihrung und Abnam. Es fein redliche
ehrliche treuherzige Oberften darundter zue Roß und Fues,
die es heillig und guett manen, ja mit Freuden ihr Bluedt
werden vergißen zue Wolfarth der löblichen Chron Schweden.

Wie Böhmen, fo alberath alda und hernoch khomen wiel ich Euer Excel. ihn khurz die Lifta fchiekhen der Anzal Hern und Ritterftandt, fie seczen auf was ihnen überblieben, das ist Laib und Leben. Bey denen ist ain guettes Herz, aber arm an Geldt, diefe khönnen fo wenich mit Geldtmitl helfen alß ich.

Thue mich etc.

Lignicz den $\frac{31 \text{ Maj}}{10 \text{ Junii}}$ 1633.

XIX.

Heinrich Matthes v. Thurn an Axel Oxenstierna.

1633, Juni $\frac{6}{16}$.   *Orig. (eigenhänd.) im schwed. Reichsarchiv. (Tidö saml.)*

Heuttigs tags hab ich von hern z Bubna schraiben, das er E. Exc. den $\frac{22 \text{ maj}}{1 \text{ Juni}}$ zu Frankhfurth am Mayn wol angetroffen, gnedige schleinige außfürliche audienz erlangt, auch das versprechen des andern tags abzufertigen, verwart seiner stuentlich mit verlangen.

Wie die fruchbern weiber jarlich *ordinari* pflegen ihn sechs wochen zu liegen, also hab ich mit dem *podigro* mein niederlag. Ihr F. Gh. herzog von Friedlandt hatt es auch in dieser zeit bekhomen, hatt es sehr freundlich gesuecht siech mit ainander zu ersehen und wail man sagt, das luest und lieb zu ainem ding macht alle ding gering, hab ich mich aufgemacht, dariber auch, Gott lob, gesundt worden. Es where zu lang E. Exc. zue beschraiben, wie überaus ansehlich ich empfangen und auf alle wais ibermassig tractirt worden und außbeglädt worden. Was schöne conversation sein vorgeloffen, wiel ich bey sicherer glegenheit noch lengs erzellen. Blaibt unverwandelt was herr z Bubna E. Exc. referirt hatt, sthet alles ihn guetten *terminis*. Herr Arnhamb meldet, man wierth in gewislich widrumb fhuer ain schelmb außchraien, auch Ihr F. G. Franz Albrecht. Nunmher, wail ich hienräß, so werde ich sie guett machen. Ich hab es mit gelachter laßen sein. Zue Wien aber werde ich den geringsten lob und vertraun haben. Hett zwar viel zu schraiben, wail ich aber hoff zue Gott, das dieße sach mir auß viel obligen und mangel wiert helfen, wiel ich schwaigen. Thue mich etc.

Lignicz d. $\frac{6}{16}$ juni 1633.

3

XX.

Franz Albrecht, Herzog zu Sachsen an Heinrich Matthes v. Thurn.

1633 Juni $\frac{11}{21.}$ *Orig. im schwed. Reichsarchiv (Tidö saml.).*

Ein Schreiben amtlichen Inhalts, dat. Brieg, Juni 21, mit folgendem eigenhändigen Postscriptum des Herzogs, von Thurn an den Reichscantzler mit seinem Briefe von dem 15/25 Juni (s. weiter unten Nr. XXII) eingesandt:

Der Generalleutenambt hatt mitt mir verlassen als den 21 wieder hir zu sein. So hore ich gans nichtes von ihm undt hatt mier auch nichtes geschrieben. Gleichwoll ist der letzte Stilstandt wieder den 25 dieses aus. Solte ich kein Schreiben unterdessen bekommen, er auch selber kegen die Zeit sich nicht einstellen, würde noetig sein sich des Werkes zu versichgern, beim Feinde drum zu vernehmen, ob es konte noch eltige (?) Tage aufgeschoben werden. Habe es aber ohne Wissen Ihrer Exc., auch was sie vermeinen nicht thun wollen. Erwarte dero Befehlich etc.

Frantz Albrecht H. z. S.

Des Hern z Bubeno erwarte ich woll mit hogstem Verlangen, sonderlich wegen guter Verrichtung. Der Hertzog von Friedtlandt hatt an mich begert dem Churfürsten zu schreiben, das er dem Hern Kinskie erlaube zu ihm zu kommen, welchs ich gethan undt zu gleich auch den Kiski (!) darum gebeten bei einem eigenen Curirer.

XXI.

Ex inferiori Saxonia 13/23 Junii a. 1633.

1633 Juni $\frac{13}{23}$.   *Im schwed. Reichsarchiv (Tidö saml.).*

Rumor est haud incertus Wallensteinium et cum Arnhemio et cum Borchsdörfio et cum Sbubna atque ita cum regno Sueciæ et utroque electore tractatus affectare. Rex Daniæ forte 5 Junii Cæsari Vratislaviam ad diem $^{13}/_{23}$ julii pro loco tractatus proposuit. Quid responsurus sit imperator in ambiguo est . . . . . .

XXII.

Heinrich Matthes v. Thurn an Axel Oxenstierna.

1633, Juni $\frac{15}{25}$.   *Orig. (eigenhänd.) im schwed. Reichsarchiv (Tidö saml.)*

E. Exc. hochwaisliche schrift, so sie mit agner handt geschriben, hab ich abgeschriben. Deselb hatt her z Bubna der principal persohn *com bel modo* vorgebracht und zue leßen übergeben, welches mit grossen flaiß nochsinnendt ibersehen, höchlich gerimbt, auch bekhennen mueßen, das khein bößerer, siecherer, schleiniger und bestandiger weg khan gefunden, noch erdacht werden, alß wie E. Exc. wolmainendt vorschlagen; siech der liebhabenden und zuenagenden afection, so man zue seiner persohn tragen thuet, dienstfreundlichen bedankhen thuet. Des aber, so Ihr F. G. von Fridlandt imb khopf stekht, ist unot, auch hai dießer glegenheit unsicher E. Exc. zu beschraiben, den sie indivinirens durch Ihren hocherleichten verstandt. Nun, salt man pluemb wais zue dießen sachen bloczen und siech ohn ain siecheres vernemen coniungirn, so khöndt man es gegen Gott, E. Exc., den Römischen reich, khönighraich und landern nit verantborten. Es häst: *disce caute mercari*. Herr graf Trzska ist von den fuerst von Walstein zuerukh khomen bies nach Strziga anzuhören den hern general z Bubna, was ich auf sein referiren werde zuer antwort geben.

Den hern graf Trzska hab ich so weid gepracht, das er selbst urthelt, das der *generalissimus* nit umbgang khan haben, sondern dies thuen, was E. Exc. vorgeschlagen und ich jederzeit begert und gesuecht hab. Was ohn seiner persohn wol er flaißig procuriren.

Generalleitenampt Arnhamb ist iberauß wol inclinirt gegen der hochbewusten persohn, das er nit allein das erraichen sol, sondern noch ain mehrers. Die khunstlichen zimmerleith verhauen siech glaichwol zeitten. Her Arnhamb meldet: vor ainen jahr war die rechte zeit nit, jeczundt aber war es *a tempo*. Ich aber war alß ain stuern, der khein widerred hatt. Schiekh E. Exc. zue sehen was der feldtmarschalkh schraibt betrefent hern Arnhambs außblaibens und das er nit schraibt. Von O. Borstorf ist noch khein wißenschaft. Alßbaldt general Arnhamb khombt, was er bringt und wie es beschaffen, wiel ich E. Exc. bey agnen Schreiben alle Nochricht geben.

Ich bin, Gott Lob, gesundt, heindt räß ich nahner bey den Freunden undt Feinden zue sein, wiel mir alles treulich laßen angelegen sein.

3*

Ihr F. Durchl. von Brandenburg wiel ich ain Zukher
geben, deſen Lieb und Gnad erhalten auf E. Exc: nz Befelich.
Thue mich etc.

Datum Lignicz d. $\frac{15}{25}$ Juni 1633.

XXIII.
Aus Lignitz vom 15/25 Jun. A:o 1633.

1633 Juni $\frac{15}{25}$.   *Abſchr. im ſchwed. Reichsarchiv (Tidö ſaml.).*

Und wirdt dem Hṛ ſonder Zweifel wißende ſein, wie numehr etliche Wochen unſere und Kay: e Armee umbzobſten
herumb gegen einander gelegen, auch alreit in voller Schlacht-
ordnung geſtanden und, wie genzlich gemeinet wird, die Vic-
toria dem Vortheil nach in unſern Henden geweſen. Es iſt
aber alſobaldt von dem Kayᵉⁿ Generaliſſimo der Graf Tirzky
herübergeſchickt worden mit Vermelden, er begehre nicht zu
ſchlagen, ſondern in Freundſchaft ſich mit dem Gen. Leut.
Arnimb zu unterreden, worauf Obrᵉʳ Borgsdorf und Obr. Vellß
zum Generaliſſimo geſchickt worden und iſt Arnimb des andern Tages gleichfallß zu ihm, da denn auf 14 Tage, welche
ſich den 15 hujus geendet, Anfangs ein Stillſtandt gemacht,
aniezo aber biß auf den 27 hujus prorogirt worden. Inzwiſchen
iſt der Hr Gen. Graf von Thurn auch zum Walſteinio, der
denn abſonderlich mit großer Ehre tractiret worden. Nachdem auch General Major Sbubna von S:r Excell. Hn Reichs
Canzler zurück den 18 hujus kommen, iſt er alſobaldt den
19 ebenßfalß zum Generaliſſimo, und iſt von dieſem den 21
der Graf Tirzky biß Strigaw, aldahin Hr Graf von Thurn auch
kommen, zu fernerer Unterredung geſchickt worden. Wie ſel-
zam dieſe Dinge uns nun vorkommen, kan mein geehrter Hr
leichtlich erachten. Zwar wird von vielen vor gewiß vorgegeben, ſamb (?) gewiß ein Friede zu hoffen. Wenn man aber
die Circumſtantias conſideriret, wollen viel zweifeln, *an tuto
et honeſte* ſolcher werde geſchehen können. Es werden aber
alle Sachen ſo geheimb gehalten, das wir *de quorum luditur
corio,* nichts davon wißen. *Interim* gehet das arme Landt,
ſonderlich das Brigiſche Fürſtenthumb, ganz zu Grunde, und
iſt vor brennen, ſengen, plündern, ſchenden, Vieh abtreiben,
ein ſolch Jammer, das man ſich nur vor Gottes Zorn und
fernerer größern Straffe uber das Landt zu befürchten, maßen
es denn zu Magdeburg kaum ubeler hergegangen, als es in
dem Brigiſchen Städtlein Nimptſch verübet worden. Wann
wir dann nicht wißen was man moliire, haben I. F. G. ver-

gangenen 21 mich neben dem Hn Canzler nach Breßlaw geschickt, aldahien I. F. G. von Brieg die Ihren auch abgefertiget, uns zu unterreden, ob man denn so ganz stillsizen solte,
und nicht Ursach hette nachzufragen, weßen wir uns denn
zu versehen, die man ja als unschuldige leute so tief ins Badt
geführet, das man numehr fast weder gründen noch schwim-
men kan, da denn II. FF. GG. beyderfeits vor nottwendig erachtet sich des allgemeinen Wesens und Schadens Josephs
anzumaffen, müffen aber von andern Ständen erfahren, das
Teils sich nicht coniungiren. Teils die Sache ins weite Feldt
spielen wollen. Nichts weniger werden II. FF. GG. das ihre
thuen und das übrige Gott befehlen. Nachdem man aber auß-
geben wollen, das ehestes eine Zufammenkunft zue Senften-
berg würde gehalten werden, aldahin Se Excell. Hr Reichs
Canzler auch gelangen wolten, habe ich aus fonderbaren Vertrawen zu des H:n Person mich nur erkundigen sollen, ob es
eigentlich und wenn feinen Fortgang daßelbe erreichen würde,
auch ob S:e Excell. in Person allda anzutreffen, oder wo sie
sich in der Nähe ehists aufhalten würden. Zwar hat man auch
vorgegeben, es würde Se Exc. ganz in Schlesien kommen,
welchs uns gewieß ein folch Glück und Freude zu erfahren,
das nichts liebers sein könte, und hoffeten alßdann, denen
abscheulichen exorbitantien gerhaten werden möchte, da wir
außer diesem fast keine Hoffnung haben. Bitte demnach mein
H:r in einem und andern mir unbeschweret Nachricht durch
Zeigern diesen eigenen Boten, deme ich befohlen bey Tag
und Nacht fortzulaufen, ertheilen wolte. Was fonften die *media
ad finem pacis conducentia* betrifft, werden diefelben ganz in
Geheimb gehalten, allein ist ein große Vertreulichkeit zwifchen
allen Officiern diefer und jener Seiten zu fehen, reiten zu
60, 70 und mehr Pferden zufammen und findt lustig. Gott
helfe das es von Herzen gemeinet fey. In gemein wird geredet, *Wallensteinius* fuche die Böhmische Crohne, und höret
man bey den Tractaten des *Imperatoris* mit keinem Worte
nicht gedencken, allein ist gewieß, das er auf den *Bavarum*
fehr schnarchet. Sihet fehr felzamb aus, wird auch felzam
davon judiciret, von den meisten aber davor gehalten, es sey
nicht zu trawen, wie denn die Rede gehet, es würde von den
Kay. von Neiße und Glatz alles Gefchüz ins Läger geführet,
welchs schlechten Frieden præsagiret. So ließ auch Hr. Gutfch
ehe geftern feine Reitpferde durch einen Rumormeifter mit
70 Pferden aus Breßlaw abholen. Reichenbach haben die
unsern gutwillig verlaffen, wird von Strelen eben diefes ge-
mutmaßet. Gott stehe uns bey und fchicke alles zu feinen
Ehren und unfer Seeligkeit.

XXIV.
Laurenz Nicolai an Axel Oxenstierna.

1633 Juni $\frac{18}{28}$ *Orig. im schwed. Reichsarchiv (Tidö saml.).*

På hvadh sätt Geheime råded efter Churfurstens befaldningh migh ded ingångne stilleståndh uthi Schlesien kund-
giordt och dess nödighet remonstrered hafve, ded är E. Exc.
strax blefved uthi underdånighed refererad. Jagh hade fulle
haft orsak öfver denna toert emot alliancen och så marg-
fallige Churfurstens försäckringer löpande act att protestera.
Män efter stilleståndet fast förluped var, och jagh inted då
förvisso viste, om grefven af Thurn dertill consenterad hade
och enkannerligen för E. Exc:s befalningh skuld att gå medh
desse herrar om *moderate,* lät jagh blifvad vedh ded lindrige
svar jagh dem gaf, när notificationen skedde. Icke des mindre
och *in eventum* att v. Arnheimb hade giordt dette stilleståndh
af eged godtycke, gick jagh ifrån geheime råded till frantzösiske ambassadeuren, repræsenterade honom de inconvenientia
jagh fruchtade härpå föllia skulle och ded jagh trodde von
Arnheimb igenom stilleståndet sökia. Jagh förnam ded stilleståndet ambassadeuren illa och fast värre än migh behagade,
bad honom fördenskuldh han ville deremot på sin konungs
vegner *solenniter* protestera, ded han ock giordt hafver först
emot öfversten Vicethumb, sender af Churfursten till ambassadeuren att kundgiöra honom om stilleståndet, sädan emot
geh. råded v. Miltitz, hvilken ambassadeuren till den ända
hafver låted till sigh fordra . . . . . Och aldenstundh v. Arnheimb hade igenom öfversten Vicethumb skrifved Churfursten
till, (föregifved, ded han någod af högste importance medh
H. Durchl. hade att communicera, doch likväll för visse vich-
tige orsaker skuld, inted kunde sigh finna låta här i Dresden)
och beded ded han motte komma på någon ort *in vicinia*
att höra öfver be:te importante saker Churfurstens meningh
och befaldningh ryckte Churfursten den 8 huius emellan 2 och
3 om morgonen *per posticum* uthur festningen åt Ortrant, en
liten stadh 4 mil härifrån belegen. Emot aftonen folgde
v. Miltitz och D. Timaeus sin herre till be:te lilla stadh,
hvarest de äre blefne och idkesamme *consultationes* medh
Gen. Lieutenanten v. Arnheimb hålled hafve, in till den 12,
då Churfursten ett par timar efter minnatt tillbaka kom hemligen och så stilla, att enke få deraf viste för än andre dagen
mot aftonen. Strax jagh förnam råded vara tilbaka kombne, be-
sökte jagh dem, begärte der någod vedh den anställte *conference* passerad vore gemene väsended angående, de ville
sådant obsvärad med migh communicera. De svarade migh

frigidissime, der inted communication värdigt vara tracterad,
v. Arnheimb hade allenast ändskylladh sigh på samma sätt
mundtligen som tillförenne skriftligen skedt var, att han oumb-
gångeligen hafver most ingå detta stillstånded, för än han
deröfver ordre ifrån Churfursten förvänta kunde att undfly
en stor och oboteligh skada, item at v. Arnheimb hade fordrad peninger för armeen och ytterligere commission huru
han sigh emot fienden förhålla och om han summam rei på
en feldslacht hazardera skall, om han kunde bringa fienden
till ståndh. Tillfragede om någon prorogation belefvad är?
Svar, ney, H. Durchl. hade den inted funned rådsam. Mehr: om
fredstractaten skall vinna sin fortgångh? D. Timaeus vinkade
på hufvuded och stälte sigh som han aldeles derom tviflade.
Medh detta svar viste de migh så af den gången . . . .
v. Arnheimb är *en poste* ryckter ifrån denna Churfursten till Chur-
Brandenburg, utan tvifvel att inbilla honom någod särdeles.
    Interim hafver man i Schlesien prorogerad stillestånded
på 5 dagar och står på, att man gerna vill på denna sidan
ingå en lengre prolongation, hvilked medfölliande visse copia
af hertig Frantz Albrechts bref nogsampt utvisar och derhos
till känna gifver, huru Fridlandt hertigen caresserad hafver.
Dedsamma, ja mycked mehr är skedt grefven af Thurn, som
E. Exc. varder af grefvens originalbref (hvilked jagh i föregår
bekommed och öpnad hafver at se *statum rerum* på den ort) medh
mehra förnimmandes. Ded frantzösiske rimed: *qui me caresse
plus qu'il ne souloit, ou trompé m'a, ou tromper me voudroit*
faller migh esomoftest vedh denne occurence i sinned. Hoppas doch att grefven skall inted gifva sigh utur sine fördelar, ej
heller tro Fridland, medh mindre han ser real demonstrationer.
Af den böhmiske[1] correspondenten hafver jagh sädan inted annad förnummed än att han är dragen till Wallenstein[1], vänter honom alla timar tillbaka medh svar på de förestälte frågor och vist
beskedh, hvadh af den veterlige handel nedtligen varda skall . . .
    Datum den 18 Junii a:o 1633.

XXV.

Extract Schreibens aus Brefslau vom 20/30 Junii A:o 1633.

1633 Juni $\frac{20}{30}$.   *Abschr. im schwed. Reichsarchiv (Tidö saml.).*

    Heutt ist eine Generalzusammenkunft beyderseits, als
von der kays:en und evangeli:en Armeen hohen Commen-

---

[1] In Chiffre.

danten zum Briegk. Die gemeine Sage gehet, es werde mit
Belieben aller hohen Heubter aldar ein Friedt getroffen werden, dazu Gott seinen Segen geben wolle. Solte es aber auf
dife Weife gehen, wie ich von etlichen böhmifchen Herren
im Vertrawen bin berichtet worden, ja es were was undt
könte man augenfcheinlich fehen, das Gott das Werck treiben
thete, denn es ja wider aller Menschen Vernunft und wird
gewieß heiffen: traw wol, riet das Pferdt weg, hat mans doch
fo haben wollen. I. Gn. Graf von Thurn und Hr Sbubna
feind zwar alhier gewefen, feind anietzo aber zum Brieg.
Hr Sbubna foll Ihrer Exc. des H. Reichs Canzlers Confens
mitbracht haben, das man mit I. Exc. und fürstl. Gn. von
Friedlandt Frieden machen solle. Alle Armeen liegen nur
4½ Meil von hier umb die Stadt, können in die Harre nicht
bleiben aus Mangel Lebensmittel. Sonsten seind wir bey der
Stadt noch im vorigen Stande, haben allerhandt Tentationes
gehabt, aber es ist durch Gottes Gnade immer noch abge-
lehnet worden . . . .

XXVI.
Axel Oxenstierna an Gustav Horn.

1633. $\frac{Juni\ 24}{Juli\ 4.}$ *Concept im schwed. Reichsarchiv (Tidö saml.).*

Jag hafver gladeligen förnummedt af min K. sons skrifvelse af then 22 huius thet han Neumark lyckeligen eröfrat
hafver, önskar honom än ytterligare till alla consilier och
förehafvandhe guds millerike nådhe och vällsignelse. Jag
ser therhos at min K. son ähr noget bekymbrat, hvadh han
sig videre häropå företage, och moste jag bekienna, at mig
så väll som honom the schlesiske tractater i alle consilier
inthet litet turbera. Ty oansedt mig om samma tractater icke
ähr noget particular eller vist communicerat, så spörier jag
doch af allehanda aviser, at ther sarkt blifver om fridh trac-
terat, och såsom till then ände för thette på 14 dagar va-
pnståndh giordt var, så vill nu af en part föregifvas at thet
åter skall vara opskutedt, män en part förmena thet vara
uthslaget, så at jag uthi sådan ovisshet ickie rätteligen vet
hvadh jagh min K. son skall tillråda, uthan tillställer hans
egien discretion at taga *pro re nata* sådane consilier och så-
lunda vårt interesse at observera, så at igienom thesse schlesische handlinger ickie oss nogot *præiudicium* eller olägenhet
tillfoges må. Så myckit berättes här, och ähr adparentliget
at Wallenstein then occasionen med thet schlesiske stillståndet
varder nyttiandes och Holck medh nogre trouppar obfirme-

randes at giöra i Türingen eller Franken nogon *impresa* eller sig emot edher medh Altringer at coniungera. Hvarföre jag hafver förmådt hertig Berendt at begifva sig op åth Würtzburg, ther the dissiperedhe hertig Wilhelms trouppar så längie at försambla, till thess man ser, hvart uth fienden sig vill vända, at tå samma trouppar honom till motståndh kunna brukadhe varda. Och tvifler jag inthet min K. son varder medh hertig Berendt theröfver corresponderendes, at han, ther så behöfaes samma trouppr medh hufvudharmeen kan coniungera. Doch hölle jag gott vara at armeen motte no- gorstädes så länge stilla logeras, till thess jag kan till theres *contentement* medlen förskaffa, hvarom jagh migh medh all macht beflitar, förmodendes innen få dagar thermedh at komma till rätta. Elliest ställer jag och i min K. sons skiön hvadh honom synes om Neumark statuera, efter som han thet in loco och medh the Norinbergers inrådh bäst kan dijudi- cera. Fuller vore gott at man igienom then platzens erhol- landhe fienden kundhe ifrån Norinberg afholla och the platzar som Norinberg incumbrera, holla thesse starkere bloqueradhe. Män ther man sig skulle thetsamma som nu medh fienden skiedt ähr, hafva at befahra, holler jag ickie rådeligit thet at hazardera, hvilket iag ligväll allt min K. sons dijudication hemställer. Befalendes etc.

Af Frankfurt am Mayn then 24 Junii 1633.

Hertig Berendt drog i lögerdags åth Würtzburg att sambla the förskingrade trouppar och formera armeen igen under Taupadell och den logera i Bamberg, på ded han deste bätter till stora armeen stöta kunde. Doch vänter jag honom stundeligen hit igen och hopas jag så med gott contentement afferda honom härifrån till eder igen.

XXVII.

Circularrelation des Secretair Laurens Grubbe aus Frankfurt an den schwedischen Reichsrath, die Correspondenten u. A.

1633 $\frac{\text{Juni } 27}{\text{Juli } 7.}$ *Concept im schwed. Reichsarchiv (Tidö saml.)*

Tilståndet här uthe rätt att schrifva vore longsampt och såsom *consilia* och *actiones* sigh icke på timmerna, uthan och in *momento* förandra, altså vore E. N.<u>der</u> mere till förtret no- gor relation att bekomma, then man sedan skulle afschrifva, än att jag så kort af aviser thet förmäler som vissast ähr.

Gud vet att våre saker stode väll, hvar en part, som doch högre ähre interesseredhe än vi svänske, så mykit *publicum* (*non dicam patriæ nostræ,* hvilket giörs på alla orter af con- traminenterne *exos,* män sjelfve tyske nationens och frihetens) som theres privat och nu allenast intenteredhe *in turbido* antingen att *piscari,* thet med vår S. konungs, Chronones och mången redlig svänsk blodh och omkostnad värfvat ähr, eller och en del att under favorable frids prætexter oss svänske spott och skam och sig ähran och fördelen att förvärfva. *Particularia* hoppes jag innen kort E. N$\underline{der}$ sielf att berätta, efter- som H. Ex. ähr sinnadh mig medh thet första till E. N$\underline{der}$ at depechera. Utaf bifogedhe acter kunne E. N$\underline{dher}$ i medlertidh nogerledes se huru sakerna föreveta. Underligit ähr thet att the saxische tractera uthan vårt vetskap, giöra stilleståndh och kasta oss therigenom krigslasten på halsen, män nagot sällsammere at Oo[1] medh Saxen achtar sluta och obtrudera oss frids conditionerne efter sitt tyckie, såsom inthet annadt theraf kan dömas, allthenstundh hvarcken H. Exc. ej heller Chur-Brandenburg ähr notificerat om then fridstractat, som af honom till then 15 Julii i Breslow förskrifven ähr. Gudh varder doch alth skickandes efter sin villie och blifver efter all män- nisklighet alle vedervertiges opsåt på vår sida emotbygdt, så att E. N$\underline{der}$ opå H. Exc. flit och försichtighet inttet hafva at tvifla. Wallenstein hafver för thetta H. Exc. igienon Gen. majorem Sbubenow om fridhen hembligen låtet besökia, således att armeerne motte coniungeras och kejseren thertill tvingas. Han synes till satisfaction vilja hafva för sig Behmen, män præ- senterar täderneslandet framför recompens. H. Exc. hafver therpå svarat icke något realt, män att sondera närmere hans intention J medlertidh handlar Arnheimb thet schlesische stillestånd och synes lik tatt Wallensteins förslag icke är uthan fundament. Män hvadh vi svänske annat än otack therhos skole förmoda kan jag icke dijudicera, om sådane tractater oss oveterligen tillåtes. H. Exc. hafver therföre före at hindra vårt fädernerlands theraf fölliande fördärf såväll som thet ge- mene väsendets, hvilket en part inthet achta för *invidia* och hat skuldh. Till then förbemälte ändhe hoppas man hafva Chur-Brandenburg sig till handa föruthan thesse öfvercreitzar, som än ähre stadige och se theres ruin, hvar andra *consilia* admitteras. Och achtar H. Exc. låta Gen. her Johan Baner komma till Schlesien och jämpte honom armeen förstärkia, hvilken man beflitar sigh medh then brandenburgiske att con- iungera, på thet man kan holla them balancen. Sedan varda och then frantzosische och engelsche gesandten inthet under-

---

[1] Wallenstein.

låtandes the danske och saxische illvilliandhe och gallna förehafvandhe att contraminera. Armeerne på vår sida hoppas man
och att få *contento,* att således medh guds hielp ingen fahra
stort skall föllia och Oo⁵ såväll som the andres intention
störta them sielf öfverända. Ty Oo är thertill fullkombligen
och allena fundament och orsak, hafver sådant drifvit vidh
S. K. M. lifstidh och nu så myckit dristigere; hvilkit alt i sinom tidh och ther gudh oss icke synnerligen straffar, väll kan
vedergiort varda. E. Nᵈᵉʳ i största hast hafver migh thetta ej
bort låta oförmält.

XXVIII.
Relation eines Correspondenten aus Prag vom
$\frac{30\ \text{Junii}}{10\ \text{Juli}}$ Anno 1633.

1633 $\frac{\text{Juni } 30}{\text{Juli } 10}$

Beilage zu einem Briefe des Residenten Laurens Nicolai
an den Reichskanzler aus Dresden 1633 Juli 19 (»Was mein
böhmischer Correspondent von diesem Handel schreibt« ...;
vergl. unten Nr. XXIX). Gedruckt von H. Hallwich nach einer
Abschrift im Hauptstaatsarchive in Dresden als ein undatirter
»Bericht aus Breslau«, unter den Beilagen zu seiner Schrift
Heinrich Mathias Thurn als Zeuge im Process Wallenstein
(S. 32). Die einzige Verschiedenheit ist, dass der Correspondent
Nicolais in dritter Person spricht (also nicht *uns, unsere,* sondern
die) und dass die letzten Worte von »wir sindt auch aufge-
brochen« an, vermisst werden.

XXIX.
Laurens Nicolai an Axel Oxenstierna.

1633. Juli $\frac{19}{29}$.   *Orig. im schwed. Reichsarchiv (Tidö saml.).*

. . . . Utur Schlesien hafver jagh hela 4 veckor
inge visse kundskaper haft, vill icke anned förmoda än att
General Directorn dersammastädes *alia via* E. Exc. om *statu
rerum* på den ort adviserad hafver. I förgår komme migh
tvenne grefvens [af Thurn] bref, till E. Exc. och ett till migh,
deraf jagh ser den fromma herren mina *conjecturas* om Wallensteins *dolo* och *perfidia* mehr än mycked sanna och sigh
deröfver yfra. Wallstein hafver icke allenast bedraged grefven,
utan äfvenväl sine egne, som dageligen med honom omgås,

hvilke hafva aldeles varid i ded hopp, att han de förslag
om behmiske cronan inted utslå skulle. Hvad min böhmiske
correspondent om denne handel skrifver, utvisar copia sub
lit. F.[1] Ded är nu nogsambt uppenbahrt att Wallstein igenom
de bedrägelige tractater inted anned sökt hafver än att separera
armeerne i Schlesien, deste lättare, sädan den ene efter den
andra ruinera. Af ett en keiserisk officierares interciperade
bref är och kunnogt Merode hafva haft ordre, der han hade
lycka att slå vår armee och entsättia Hameln, att han strax
skulle bryta igenom detta churfursten dömad in i Schlesien och
stöta till Wallenstein. Efter nu detta hafver i genom guds
nåde slaged honom felt, hoppas man compassen vara honom
tämmeligen föryckt och att han ett halft dusin schiefer till
de förre bekommed hafver. Elliest procederar han på samma
sätted som för Nürnberg, hafver sig förbygdt, förgrafved och
förskantzed på en fördelhaftig ort, vill till inted slag, ej heller
gifva sig i någon fara, travaillerar de våra continuerlig med
starke partier, gör alla advenuer och vägar genom sine cra-
bater och andra lättfärdige bursar osäkre, derigenom våre
armeer proviant och *vivres* afskärs och ded tyske rytteri deste
mehr strapaazzeras. Vår och de beggie churf. armeer liggie
numehr och innom ett forskantzed och fast läger och skall gr. af
Thurn utur Siebenbürgen hafva bekommed förtröstning på 4 eller
5000 Ungarer, hvilka allereda marchera och oförtöfved i lägred
förväntas. När de ankomma, skall man förmodeligen fiendens
starka partier deste bettre kunna möta och emotstå . . . . .

Raptim den 19 Julii 1633.

XXX.

Heinrich Matthes v. Thurn an Axel Oxenstierna.

1633, Aug. $\frac{12}{22}$.   *Orig. eigenhänd. im schwed. Reichsarchiv (Tidö saml.).*

Es khombt auf diese regeln und waislichen vorschlag, so
E. Exc. mit agner handt an mich geschriben und hern general-
wachtmeister z Bubna zugestölt: dies hatt die principal persohn, wie es von Ihr Exc. erlaubt war, geleßn, hat es freundlich und wol verstanden, auch damals bekhendt das khein
nahner, bösserer und siecherer weg, hatt sich aber damals nit
bequemen wollen. Wail aber Gott alles ihn seinen henden
hatt und regirt, die glücklichen progres und victori imb raich,
auch das man die gedankhen gefast das der ungrische bei-
standt uns khomen wierth, hatt verandrung des gemuetts er-

---

[1] Vgl. Nr. XXVIII.

wekht, das die feindt ohne nottdringende ursoch zue unserer ererbitung stielstandt begert, welcher mit tausent freiden fhier ain sonderliche schiekhung des Almechtigen abracirt worden, mit wolbedachtigen *conditiones,* welches der cavaglir, so dies schraiben presentiren wiert, umbstendigklich khan erzellen, ihn was *termines* wier sein gestanden und periclitirt haben. Gott hatt zue außführung dieses werkhs hern generalleitenampt Arnhamb auserkhorn, welcher es sehr waislich, vernunftig und wolbedachtig gefhiert und alles mir treulich comunicirt, den zue lieben, loben und dankhen haben wier sametlich ursoch. Zue E. Exc. begert herr general Arnhamb verlangent zu khomen von allen sachen bericht zu geben, dahin ich mich wiel referirt haben, dinstlichen E. Exc. bitent, sie wollen so viel mueglich siech nahner gegen Dräßen begeben, es sey noch Erfurth oder Hall, damit die hochnöttige muendliche unterredung beschehen und contentament khan aingenomen werden.

Es giebt wunderliche discurs in der weldt, judicirn auch oft unwißent. Wen E. Exc. werden rechten bericht ainemen, so werden sie uns noch Ihrer hohen vernunft zue vertretten wißen und anlaß geben, das man es Gottes erbarmung, der uns erhalten, zuschraibe, der die seinigen verwunderlich fhiert und regirt, das man sagen mues: der Herr hats gethan.

Bies *Dato* hab ich noch Hern Comendur Duwolt nit gefehen, es ist aber ainestails mit meinen Wiellen den Oderfthrom zu vertheidigen. General Commissari schraibt, noch khombt nit ihns Leger, wail die Comoditet schlecht, Lignicz und Breslau ain guetts Quartir. Ich wiel Euer Excel. nit betrieben zu befchraiben das Elendt der Bürger und Bauern, welche auß Hunger heuffig fterben, und ihn was *Miseria* die armen Soldaten leben. Was ich bies her gethan ift Gott und erlichen Leithen wißent. Wen ich die Sach etwas bößer mit der khlainen Armé ftabilirt hab und khein Gefahr, so wil Euer Exc. ich gehorfomlich befuechen.

Datum Schweinicz den $\frac{12}{22}$ Augusti 1633.

XXXI.
Heinrich Matthes v. Thurn an Axel Oxenstierna.

1633, Aug. $\frac{13}{23}$.   *Orig. im schwed. Reichsarchiv (Tidö saml.).*[1]

Khain lebendiger mensch hatt von dißen sachen wißenschaft als herr Arnhamb und ich, welcher E. Exc. wierth alles

---

[1] P. S. zu einem Briefe aus Schweidnitz Aug. $\frac{13}{23}$.

erzellen. Die resolution ist, das ers : W: wiel auf siech nemen, hatt selbst andeitung gethan, was fhuer schware ime unverontwarliche puncten soln vorgeschlagen werden, darein er consentiren wierth; auch die auschaffung der jesuiter auß dem ganczen Römischen reich, welches der Keyßer bies in tott empfinden wierth; der mueß noch Spania gehn. Etlicher regimenter hatt : W: nit zue trauen, hatt uns angesprochen, wier soln gefast sein, wen er uns alß confidenten mueste ersuchen sie zuem gehorsomb zu bringen, das wier asistentz thuen. Dem Holka hatt er geschriben alles mit agner handt die sach auf glaichförmige wais mit herzog Wilhemb und herzog Bernhart wol anzustöllen. Die bekantliche persohn aylt auf das höchst alß mueglich, damit alles noch vor dem winter beschehe. Bitt E. Exc. umb Gottes willen, sie khommen uns etwas nahner. Fuerst von Walstein hatt etwas ursoch gehabt auf mich zue zuernen: es ist meiner schraiben aines von feindt intercepirt worden, des ich auß *cordoglio* geschriben, wail ich auch das schiefer gehabt. Ist aber alles sehr guett, tott und ab. Hatt mir von sich selbst mit agner Handt geschriben.

XXXII.
Heinrich Matthes v. Thurn an Axel Oxenstierna.

1633 Aug. ^{17}/$_{27}$. Orig. (eigenhänd.) im schwed. Reichsarchiv (Tidö saml.).

Glaich umb 9 Uhr fhrüe bin ich alher khomen, das ganze Volkh, des auf ain khlaines Heufl khomen ist, hab ich mit mir gepracht, die zu refrefchiren, wider zu samblen.

Euer Excelenz fezen den wenigiften Zwaifel nit, es ist gefchloßen den Keyßer noch *Spania* zu jagen. Palatinus auß Ungern fchraibt umb Hilf, das Ragozi imb Vortzug. Herzog von Fridtlandt wiel imb seine 2 Compagnie Ungern zur Asiftenz fckiekhen und nit mher. Hern General Arnhamb wiel zue Euer Excelenz raißen, es fey gar auf 30 oder mher Meyl. Dießer jezige Stilstandt ist mit meiner Einbewiligung gefchehen. Gott hatt man auf den Knien darum zu dankhen, der uns das Leben und Ehr erhalten, den wie fchön Chur Sakhßen, Brandenburg ihre Arme versorgen ist wol Gott dariber zu khlagen. Wier sein ihn allem nit 12000 Man zu Roß und Fues geweft ihn Hunger und Abgang in allem. Da khombt der wunderbare Gott, das die zuvor angehebte Sachen werden renovirt und nunmher alfo gefaft, das es nit zuruekh ghen kan. Hab in Willens Euer Excelenz in khurzen, wen Sie nahner khommen zu befuechen.

Datum Lignicz d. $\frac{17}{27}$ Augufti 1633.

XXXIII.

Hans Georg v. Arnim an Axel Oxenstierna.

1633 $\frac{Aug.\ 22}{Sept.\ 1\,(?)}$.   *Orig. im schwed. Reichsarchiv (Tidö saml.).*

E. Excel. seindt meine gehohrfame Dienste bevohr. Daß derselbe vom Herren Grafen von Turn werden zuhr Genüge berichtet fein, wie der Hertzogk zu Fridelandt Gelegenheit gefuchet die alten Tractaten zu reassumiren, ich mihr daran zimblichen lange geeufert, biß ich gefehen daß er folche ftarck urgiret, zu verfchidenen vilen Malen zu mihr gefchicket undt mir muntliche Unterredunge begehret, welche auß allerhandt Motiven ich entlichen einbewilliget. Waß nuhn dabei vohrgelaufen, werde E. Excel. von kegenwertigen H. Oberften Vitztuhm generaliter etwas berichtet werden. Demnach ich aber nötigk befinde daß E. Excel. von allen *particularibus* umbstendiglicher informiret, habe mitt Einbewilligung S. Cuhrf. D. zu Sachsen, meines gnedigften Herren, ich den Wegk auf mich genommen. Wolte wünfchen daß E. Exc. ich an Ortt und Stelle, da es derfelben am bequemeften, folgen konte, dieweil aber meine Reiße fich dahero zimblichen verweilen woltte, aber die hochfte Notturft erfordert, daß ich fchleunigft mich wider zu der Armee hinefuge, ftelle E. Exc. ich anheimb, ob es Ihr beliben wolte mich edtwan biß Fulda zu befcheiden undt den Hern Oberften Vitztuhm, welchen ich deßwegen vohrauß gefchicket, wider mihr entkegen abezufertigen. Wil ich mich alda und obs gleich auch edtwas weiter bei derfelben geftellen. Indeßen ich etc.

Leipzig den $\frac{22\ Augusti}{2\ Septemb.\ (!)}$ A:o 1633.

XXXIV.

Martin Chemnitz an Bernhard, Herzog von Sachsen-Weimar.

1633 $\frac{Aug.\ 27.}{Sept.\ 6.}$ *Orig. im schwed. Reichsarchiv (Tidö saml.).*

Mein jüngstes, darin ich E. F. Gn. undterthenigen Bericht gethan, wie es mit der Rüftung undt den Getreylig(?) Geldern bewandt, werden E. F. Gn. empfangen undt deßen Inhaldt gnedig vernommen haben. Indem den die Rüftung vollftendig zur Hand zu bringen baares Geldes man benöthiget, alfo er-

warte ich nochmahl E. F. G. gnedigen Anordnung, wie ich
mich hirinnen zu verhalten.

Waß fonſten Herr Obr. Taupadell geſtern anhero von
einer neuen Stillſtandt in Schleßien adviſiret und das Holcke
felben auch mit E. F. Gn. Armee zu halten an E. F. Gn. gefchrieben, hab ich nicht mit weniger Verwunderung geleßen.
Ungezweifelt ſteckt was großes hinder dem Werck, es ſey
gleich guth oder böß, wiewohl vom Feinde nichts guths zu
hoffen. Wehre zu wüntſchen, das wir uns dießes Stillſtandts
zu Nutzen gebrauchen und des Feindes Argliſtigkeiten dadurch
deludiren könte. Wehre vielleicht nicht uneben, wenn E. F. Gn.
mit Holcken solchen zu halten sich gnedig belieben ließen
und mit aller *Force* unterdeßen den Beyerfürsten auf den
Halß gingen umb deßen Armee zu ruiniren wo muglich.

Was vom Friedlender hirbey zu judiciren undt ob selben
zu trauen, ist wohl die Frage. *Wolfius*, der *Syndicus* zu Regenspurg, vom welchen auch jüngſt E. F. Gn. ich etwas unter-
thenig gefchrieben, der hatt H. Gen. Maj. Schlammersdorfen
zu Heerbruck gesaget, er hette deßen gewiße *Fundamente*,
das der Keyfer Friedlandten würde das Generalat wieder abnehmen und würde die Armee in Nahmen des Konigs in
Ungern alß *Generalissimi,* der Graf v. Schlick als Feldtherr
commendiren; Holcke aber würde ordre bekommen, das er
feine Armee *absolute* commendiren und nicht vom Friedlender
dependiren folte. Vor ezlichen Wochen ist einer Mr Aichinger
genandt, so des Herzog Franz Albrecht von Saxen Hofmeister
geweßen undt I. F. Gn. vertraut ist, bey mir geweßen. Der
berichtet mir fast dergleichen, saget under andern, man wehre
versichert, das es Friedlandt guth meine, denn es ſey zwifchen
ihme, den König in Ungern und ezlichen vornehmen keys.
Räthen groß Mißtrauen, alfo das Friedland dahin gedechte,
wie er sich in sichern Standt bringen möchte.

Daß er bey vorigem Stillſtandt folches nicht zu Werck
gerichtet, ſey, weil die Umbſtende fich geendert undt es das
Tempo verlohren, gefchehen. Unterdeßen fürchte sich er Friedland fehr vor den ankommenden italienifchen Volcke, denn
er vermainet Gegentheil dadurch verstercket, er seiner Chargen
endfetzet und mit Undanck bezahlet werden möchte. Ob ich
zwar folches nur vor einen Difcurs damahl gehalten, so habe
ichs doch, weil es mit *Wolfius* anbringen nicht wenig con-
cordiret, E. F. Gn. underthenig berichten wollen, möchte vielleicht etwas zu Nachrichtung dienen, Heut kompt Bericht von
Heerfpruck, als wehre der Feindt mit der ganzen Armee bey
Regenspurg aufgebrochen. Wohin kann man noch nicht wießen.
Vor wenig Tagen hatt Altringer, als ihm die Ubergabe Lich-
tenau noch unwißent geweßen, mit einer ſtarcken Partei felben

.Orth endtfetzen wollen. Als er aber das es vergebens under Weges berichtet worden, ist er mit ftarcken Trouppen auf Altorf undt Neumarck gangen, iedoch als heut Bericht einkompt (?) unvorrichter Sache wieder abgezogen. Thue etc.

Datum Nurnb. d. 27 Aug. aº 633.

XXXV.

Hans Georg v. Arnim an Axel Oxenstierna.

1633, $\frac{Aug. 29}{Sept. 8}$.   *Orig. im schwed. Reichsarchiv. (Tidö saml.).*

E. Excel. seindt meine gefließene und gehohrsahme Dienfte bevohr. Von Herren Obriften Vitzthum habe ich in meiner Ankunft heutiges Tages vernommen, daß dieselbe entfchloßen heute kegen Abendt biß Gelhaußen anzulangen. Meines Teiles mochte ich wünfchen, daß ich mit den Fuhren unterwegens nicht gezögert damit ich gleicher Gestalt zu rechter Zeit mich geftellen konnen. Nuhn mehr weil es itzo fchon uber 5 Uhren aufm Abendt, wirdt es woll unmugklichen sein, ob ich gleich die ganze Nach fahren wolte. Wil derwegen beften Fleiß anwenden, daß ichs Morgen kegen Abent erreichen konne. Wan nuhn E. Excel. nicht wiedereiß oder an anderen ihren Gefcheften hinderlichen, daß ich sie noch alßdan antreffen konte, sehe ich meines Teiles nichts libers. Befele ets.

Fulda den $\frac{29 \text{ Augusti}}{8 \text{ 7bris}}$ Aº 1633.

XXXVI.

H. W. v. d. Heiden an Axel Oxenstierna.

1633, $\frac{Aug. 30}{Sept. 9}$.

. . . . . I. Churf. Durchl. feindt ahn vergangenen Montagk von Kostrin auß aufgebrochen undt Ihren Wegk nacher Beitz genommen. Wie man mich alhier berichtet, sey der Generallieut. Arnim durch Leipzigk passirt ihn Meinung seinen Wegk zue E. Exc. zue nehmen, fcheinet das I. Churf. Durchl. den Wegk werden vergebens gethan haben oder müffen seiner aldar abwarthen. Burgersdorf vermeint ja fie haben den Friedlender undt feine Officirer alfo gehembt, das fie nicht

4

wieder zue Rücke werden können. Gott gebe das es nicht
auf einen Betrugk außgehe . . . . .

　Dat. Berlin

　　den 30. August A. 1633.

XXXVII.
Axel Oxenstierna an Bernhard, Herzog von Sachsen-Weimar.

1633 Sept. $\frac{2}{12}$.

Gedruckt von Herrn E. Schebek, »Die Lösung der Wallensteinfrage«, S. 285—287, nach einer Copie von B. Dudik,
die im gräfl. Waldsteinschen Archive in Prag verwahrt wird.
Die Abschrift ist bis auf einige ziemlich unbedeutende Schreib-
fehler correct. Das Actenstück selbst ist in Abschrift von der
Hand eines Schreibers, wie verschiedene andere, mit den
Briefen Herzog Bernhards an Oxenstierna, in der Tidösammlung
zusammen geheftet gewesen. Ihre Autencität kann natürlich
keinerlei Zweifel unterliegen.

XXXVIII.
Heinrich Matthes v. Thurn an Axel Oxenstierna.

1633 Sept. $\frac{2}{12}$. 　　*Orig. (eigenhänd.) im schwed. Reichsarchiv (Tidö saml.).*

Gebitender hochgeehrter Herr. Was verursocht hatt den
Stilstandt anzunemen, auf was Mittl derselb gericht und zue
was Endt man es getraut zu bringen, werden Euer Exc. durch
mein Schraiben, so der General Graf Kracz geben wiert,
fürnemlich auch was Herr G. Leitn. Arnhamb Euer Exc. fuer-
genomen zu referiren, vernemen. Unveranderlich verbleibt
dabai Ihr Fh. Gn. von Walstein. Warth alfo mit Verlangen
was Herr Arnham und Borstorf von den Churfh. Dh. bringen
werden. Wie flaißig Euer Exc. Ich geschriben und alles mir
hab laßen angelegen sein ist Gott bewuft und viellen ehr-
lichen Leithen bekandt. Fuerneme und genöttige Schraiben,
so ich gethan, hatt der Feindt bekhomen, darundter zwar
wahre Wortt wahren, die der Furst von Walftein empfinden
mueßen. Es ist aber verglichen, wie das baigelegte Handbriefl

des *Generalissimi* außwaist[1]. Werden mich alfo Euer Exc.
so wol wie die Churfirftifchen Ihre General Befelichs haber
fhier endtschuldigt nehmen.

Wolte Gott, es wahren aintails teutfche Fuersten, die so
ohnmechtig von den Ungern und laichter Reitterai difcurirt
und verachtlich gehalten, bey uns gewest. Sie solten es empfunden
haben, was sie vermögen zue thuen. Es ist doch weldtkhuendich,
das der Prinz Bethlehem Gabor des Keyßers 4 Armeen ruinirt.
Doch ist die Gedachtnues so schlecht, das sie es vergeßen haben.

Was thier fchönes ansehliches Volkh wier ihns Feldt gebracht, khönnen Euer Excel. nit gnugfomb glauben. Wer hatt
uns ruinirt: die Crabatische Reutterai. Darf nit schraiben
wie wier gefchwecht sindt und übel zugericht. Gott hatt die
Sach alfo geschiekht, fonft fein wier verlohrn geweft.

Euer Excel. Gnaden Briefl, fo fie ohn mich gethan, hab
ich zu Trost und Erhaltung der Armé zu vernemen geben.
Nuen ist der Commissari khommen, eunder (!) aber und zuvor
hatt er gefchriben, man fol fiech auf andere Hilff nit verlaßen; es wehre bößer 2 Fürftenthumb zue verderben alß ain
Armé laßen unterghen. Das hatt man redlich gehalten, den
sie sein ruinirt auf dem eufriften Grad, und alle die Mittl,
so der Commissari vorfchlegt, fein vernunftig genueg, aber
unmueglich zue practiciren, so er es also zue Endt fhieren
khan, wiel ich ihn fhier ain großen Man gehalten. Es sein
von mir auß den Leger Befelichs haber außgerißen ohne Paß,
die fein nit allein wol tractirt worden, fondern wol gehört
und beglaubt, was fie unwarhaft vorgebracht gaben. Es ist
auch gespargirt worden, der General Comendur wirbt ain neue
Armé, da hatt er fhierwar ain ftarkhen Zulauf bekhomen,
den umb Lignicz war bößer leben alß umb Schweinicz, da
man des Brots khain genigen gehabt, welches mich nit ohn
Urfoch schifricht gemacht und dem Commissari das gesagt,
was die ganze Armé außfprechen wierth, das er Euer Excel.
Mittl vorgefchlagen wider fein Gewißen und Handtfchrifft. Vermant mich bai Euer Excel. zue verkhlagen. Das der Commissari
den Sakhfifchen unholdt, hatt er Urfoch, den da ich ihns
Landt khomen bien, da war er fhuer ain Baurn [und] Huren-

---

[1] Unter den Papieren Oxenstiernas, aber diesem Briefe nicht beigelegt,
habe ich folgenden eigenhändigen Brief Wallensteins, wahrscheinlich
an Thurn, gefunden:

Hochedl, wolgeborner Graf.

Der Herr Gen: Leitnampt hatt mir von Herrn ein Grus verricht,
deßwegen ich mich ganz freindlich bedanken, thue ihme widerumb
meine Dienst an presentiren undt verbleibe hie mitt

Feldtlager bey Schweinics   des Herrn dienstwilliger
    den 22 Augusti A:o 1633.   A. H. z. M.

sohn gefcholten, bedrot das er sol mit Brigeln gefchmirt
werden. Hab ihn Schuecz gehalten und die Sach geftilt, wiel
vieler anderer Reden gefchwaigen. Wen ich ain Tails Perfohnen
folt folgen, so mift ich khempfen und ftraitten mit den Sakhfifchen. Da man weitter nit khan, so hatt man außgegoßen
Reden, ich lies mich den General Leitenampt Arnhamb comendiren und alles iberreden. Hof zue dem getreuen Gott, der
Außgang wiertts geben, das die Freundligkeit, Lieb und Anig-
keit viel guettes geftift hatt. Es hatt mir ain lieber Freundt
taußent Taller vor Schweinicz gelihen, das hab ich zue Lehen
geben auf die Armé krankhen, hab damit großen Dankh
erdint. Verficher Euer Excel., das ich khain Haller noch
Pfenning Contribution auffchlagen thue oder fonft auf Teufls-
grief gedenkh mich zu erhalten und ihn Beutl zu ftekhen.
General Co. Duboldt khauft mir umb 1000 Taller 6 fchöner
khutschi Roß ab. Mein guldene Khetten ist auch verseczt
nuer zue dem Endt den durftigen zu helfen. Wen es ohne
Nachtl fein khan, so khomb zu Euer Excel. ich gehorfomlich
notturftige Sachen zu reden. Verbleibe etc.

Lignicz den 2 Sep. 1633.

Euer Exc. verfichere ich, das der Herr Zetlicz, fo dies
Schraiben wierth überantworten, der aufrichtigen, treuen und
redlichen Cavaglir ainer ist, der dießer Orthen leben khan,
in großer exftima und Lieb des Landts, wie er den auch
Landtshaubtman ift.

<hr>

XXXIX.
Hans Georg v. Arnim an Axel Oxenstierna.

1633 Sept. $\frac{2}{12}$.   *Orig. im schwed. Reichsarchiv (Tidö saml.).*

E. Excel. verbleiben meine gehohrfame Dienfte bevohr.
Demnach ich es alfo hochnotigk befunden, daß bey itziger
Gelegenheit S. Kuhr. D. zu Sachfen all ihr Volck, fo noch
in dero Landt, nach Schlefien fchicken, damit man derer Örter
bastant, so habe E. Excel. ich solches avifiren wollen, ob
diefelbe es rathfahm erachten mochten, daß S. furftl. Gn. Herzogk Bernt von dem Volck, fo noch an der Wefer und
itziger Zeit so viel nicht da zu tuhn, in edtwas verftercket, damit, wan vleicht die bevohrstehenden Tractaten sich noch
edwas fchwer ereugen (?) wolten, Ihr F. Gn. dem Holcken so
nahe legen, daß man von der Seitten sich von ihme nichts
zu befahren. Bey Tag und Nacht sollen E. Excel. berichtet
werden, wie sich daß Wergk weiter anleßet. Befele etc.

Eifenack den $\frac{2}{12}$ 7bris A:o 1633.

XL.
Laurens Nicolai an Axel Oxenstierna.

1633 Sept. $\frac{6}{16}$.   *Orig. im schwed. Reichsarchiv (Tidö saml.).*

.... Utur Schlesien hafver jagh en lång tid ifrån grefven af
Thurn ingen bokstaf set. Ded gen. lieutenant v. Arnheimb
om armeens uslige tillstånd Churfursten berätted hafver confir-
meras och exaggereras af öfre och nedrige sachsische officiern,
hvilke dageligen, den ene efter den andre här ankomme, vara
mer än sant . . . Detta gör hvar man mycked perplex och
holles sakerna der borto för halft förlorade jemväl här och
hos Churbrandenburgk, så frambt gen. lieutenant v. Arnheimb
skillies ved E. Exc. *re infecta* och icke kommer före stille-
ståndes utgång tillbaka med en god resolution . . . .
    Churfursten hafver siälf få dagar sädan veled sättia mån-
ga tusen på vadh att man innan 4 veckor skall hafva fred . . . .
    Af Dresden den 6 Septembris 1633.

XLI.
Circularrelation des Secretair Laurens Grubbe
aus Frankfurt.

1633 Sept. $\frac{7}{17}$.   *Concept im schwed. Reichsarchiv (Tidö saml.).*

I min sidste relation förmälte jag om thet stilleståndh,
som i Schlesien Hans Exc. herr Riks Cantzleren ovitterligen
på en månad giordt var. Therpå ähr general lieutenanten
Arnheimb såsom i dag otta dager sedan kommen medh H.
Exc. uthi Gelnhausen till tals och ther först iustificerat stilleståndet, sedan therhos remonstrerat hertigen af Friedlands *disgusto,* förorsakat så af förre affronter som enkannerligen nu, att
Duc de Feria, som uthur Italien ankommer, blifver honom
satt vid sidan hans actioner att contraminera, theröfver äntå
föregifs att han deponeras och en annan till generalaten
förordnas skall, hvarföre han sinnadh vore sigh opå keysaren
att revengera och med oss att conjungera, om han vore af
oss om bistånd försäkrat: så endoch man här holler thenne
handelen mächta suspect, doch ligväll efter ingen skadha theraf
föllia kan, när alla saker holles in integro och häropå ickie
giörs nogen stor säkerhet, så blifver tiden hemstäldt, huru
thetta sigh vill skicka och holles allt emot fienden inthet
mindre nu än förr i fullt beredskap. Holck hafver, sedan stilleståndet var sludedt, quitterat Meissen och säyes vara sielf

dödh af pest eller förgift uthi Voigtlandt, hvaräst haus armée
nu mäst logerar . . . .

Af Frankfurt am Main den 7 Septembris åhr 1633.

XLII.
Bernhard, Herzog v. Sachsen-Weimar an Axel Oxenstierna.

1633 Sept. $\frac{9}{19}$.

Ein eigenhändiger Brief aus Donauwörth, theilweis fast
unleserlich, von Dudik S. 434 erwähnt, und von Schebek, »Die
Lösung« etc., S. 287, was die Hauptmeinung betrifft, referiert.
Der Inhalt ist übrigens nicht von so besonders grosser Bedeutung, und wird daher der Brief hier nicht abgedruckt.

XLIII.
Hans Georg v. Arnim an Axel Oxenstierna.

1633 Sept. ¹⁰/₂₀.   *Orig. im schwed. Reichsarchiv (Tidö saml.).*

E. Excel. seindt meine gehohrfahme Dienfte bevohr. Waß
diefelben mihr aufgetragen, habe S. Cuhrf. Durchl. zu Sachfen
meinem gnedigften Herrn ich untertenigft berichtet, hoffe die
Correfpondentz ins künftige vertraulicher alß biß Dato fleicht
nicht gefchehen, werde gehalten werden, wie ich dan nicht
anders weiß daß dazue fchoen ein gueter Anfangk gemachet.
Im Hauptwergk mitt dem Herzogen zu Fridelandt haben S.
Cuhrf. D. sich nichts verbintliches erkleret, sondern ist alles
biß zu ferner Unterredung mit E. Excel. außgeftellet, wie ich
dan hoffe innen kurtzen (mit göttlicher Hülffe) bey derfelben
zu Erfurt wieder anzulangen. In deffen laeßen S. Cuhrf. Durchl.
gefchehen, daß zwifchen den Armeen zu einem Vernehmen
der Anfangk mit gueter Vohrsicht gemachet undt der Herzog
dadurch edtwas weiter engagirt, welches ich dan vermaine
E. Excel. sich nicht werden zuwider sein laeßen, den Sie
haben sich deßen zu versichren, daß ich zu keiner fchedtlichen
Separation einigen Anlaeß geben, fondern nach Vermugen
solche verhüten und mich viel mehr zu einer neheren undt
fefteren Zufammenfetzung bemühen werde, wie ich dan zue
Gott hoffen will, der Effect meins Hertzens Intention viel
andres entdecken foll alß bißher unzeitige judicia von mihr
ergangen, welche ich zum Teil mit Gedultt ertragen, teils

verlachet und alles dem gerechten Gerichte Gottes heim-
geftellet. Befele etc.

Befiekow den $\frac{10}{20}$ Septemb. A: o 1633.

XLIV.
Axel Oxenstierna an Bernhard, Herzog von Sachsen-Weimar.

1633 Sept. $\frac{12}{22}$.

Der Brief ist von E. Schebek, soweit er die Arnheimschen
Mittheilungen betrifft, nach der Abschrift Dudiks gedruckt
in »Lösung der Wallensteinfrage« S. 288. Über das Original
gilt dieselbe Bemerkung, wie oben bei dem Briefe vom 2. September gemacht worden ist.

XLV.
Laurens Nicolai an Axel Oxenstierna.

1633. Sept.[1]   *Orig. im schwed. Reichsarchiv (Tidö saml.).*

Sädan min senaste af den 6 huius är på denna ort föga
skreftvärdigt passerad. Hvar man lefver här uti en tvifvel-
achtig *esperance* om utgången på den schlesiske handell med
Fridland, hvilken så hemligen hålles, att och de geheimbste
rådh inted derom veta vele. Grefven af Thurn förmäler fulle
någed uti sine bref till migh, män så *mystice*, att en *Oedipus*
ded näpligen förstå kan, låter derhos merkia sin yttersta
trängdtan att förnimma hvad general lieutenant v. Arnheimb
hos E. Exc. för resolution bekommed hafver. Emellan den
6 och 7 kom han midnatztid till Churfursten på Moritzburg,
dädan han efter giorde relation är klockan 3 om morgonen
ryckter åt Böitz till Churbrandeburg. Den 7 kom Churfursten
klockan 6 om morgonen hit igän och med honom hertig
Frantz Albrecht, hvilken inted gaf sigh tid att bivista guds-
tiensten och töfva så länge den förrättad var, utan ryckte
under predikan en poste efter gen. lieutenandten till Churbrandeburg. Efter middagen finge öfverstarne och öfverste
lieutenandterne, som här ved hofved uti varande stillestånd
hopetals varid hafve, ordre att marchera med sine under-
hafvande en diligence åt Schlesien och stöta till armeerne,
hvilked strax är efterkommed, så att alt ded folck Churfursten

---

[1] Ohne Tagesbezeichnung.

här i landed haft hafver, är nu fort åt Schlesien, undanta-
gandes frifanerne, ungefehr 400 man, och öfversten Binaws
regemente, till 6 a 700 starcke, hvilke på neigden här omkring
lagde blifve. Amunitions pertzelerne äre den förre vecka
sin kos förde och föllier som i morgon artillerid, 6 halfve
carthauer, 3 feltschlanger ocht ry quarter stycken . . . .

XLVI.
Laurens Nicolai an einen schwedischen Diplomaten [1].

1633. Sept. nach 12.   *Abschr. im schwed. Reichsarchiv.*

. . . . . Ded förnembste, som denna gången förmälas kan, är
om ded sköna bellistitium i Schlesien, sampt dess orsaker
och utgangh.   Orsaken hafver varid Wallensteins förslagh,
hvilka våre schlesiske generaler (jämväll den fromme herren
grefven af Thurn) hafve hålled för så gode och högnyttige,
att man nästan i gemen hafver fattad tankar och vist hopp,
ded icke någon particular män väll en universal och den
ganske evangeliske cristenhet önskande fredh (så frampt Richs
Cantzlerens Excellence och flera interesserade till be__te__ förslagh
förstå ville) deraf resultera skulle. Migh, som näst grefven
af Thurn förste ouverturen af desse förslag igenom en wallen-
steinisk confident haft och alla reda för 7 månader sädan,
medh Riks Cantzlerens villia och godtyckie uthi den sak ar-
betad hafver, hafver denna handel alltid varid suspect och
nu så mycked mer, aldenstundh jagh inge nye motiver hörer,
hvarföre Wallenstein skulle fahra medh större alfvor uthi sitt före-
gifvande äller nu mehra hålla ded han lofvar än han far
detta giordt hafver.   Man obtenderar bland annad Wallensteins *disgusto* både öfver den *affront* honom for try åhr sädan
uthi Regenspurg sked är, så väll som deröfver att man nu vill
sättia honom *Duc de Feria* antingen vedh sidan eller ock ofvan-
före och således limitera den *absolutam plenipotentiam* han hafver
eller ock aldeles *removeran ab officio;* hvilked inted är någod nytt
motif, ty ded Wallenstein förebär om *Duc de Feria*, ded samma
praesefererade han i våhras om Graf Wolf v. Mansfeld och
Graf Johan v. Nassau, stellandes sigh som han sådan tort
vindicera ville, sala om, vända keyseren ryggen, stöta medh
sin armee till oss och sädan *junctis viribus* de catholiske en
reputerligh och billigh fred afnödga. *Pretium perfidiæ* skulle

---

    [1] Beilage zu einem Briefe Adler Salvius' an den schwedischen
Reichsrath vom 27. Sept.

vara Kongeriked Böhmen. På vår sida tror jagh ingen vara, som icke gerna skulle se, att detta vore allareda fulbordad, män att Wallenstein far medh alfvar och effectuerar ded han lofvad hafver är ingen tros articul, hvarföre och jagh blifver Tomas, tror i ded fallet inted mer än hvadh jagh ser och känner, hoppas ded skall inted skada migh till saligheten. Skulle ded och vara Wallensteins alfvar, vore ded inted *inauditum exemplum,* kan ej heller hållas för en aldeles absurd sak. *Ut nemo doceat fraudis et sceleris viam, regnum docebit.* Vår principal här utan lands blifver *in utrumque paratus* och varder efter sitt högt uplyste förstånd förmedelst guds hielp alt så dirigerandes, att denna *fourbe* (om annars någon för händer är, ded jagh för min person fulle inted tvifler) inted skall så hastigt branslera vår stat der uthe i riked, män huru desse både churfurstendömmen och *consequenter finitimis* lärer gå i hand, ded kan M. H. för sigh sielf förnunfteligen betänkia.

Armeerna i Schlesien äre mer ruinerade och af sigh kombne än någon tror, deraf lätt är att colliger, om Wallenstein annars än uprichtigt menar, ded honom inted skall falla svårt att spela *compelle* och bringa denna churfursten dit han vill *par force,* om ded inted kan ske *par amour* så, mycked lättare efter han *durante armistitio* hafver sigh merkeligen sterkt och lagt böter på alle de mangel han kan hafva haft, deremot de evangeliske derborta hängie ännu *in eodem luto.* De få regimenter här i landed vinteren öfver värfvade äre sampt med så mycked, som uthur guarnisonerne mistas kan, hafver v. Arnheimb straks han kom tillbaka ifrån Gellhausen (der han medh Riks Canslerens Excellence den 28 aug. hafver vard till tals och rerum statum i Schlesien, enkannerligen de Wallensteiniske förslag H. Exc. communicerad) gifved ordre att marchera *en haste* efter honom åt Schlesien, hvilken hans ordre fulle är efterkommen; compagnien likväll uthi alle regimenter så svage af hufvun, att de näppligen skola hindra fiendens infall, hvilked så mycked lättare kan ställas i värked, mädan han ännu sedan den seneste Holkiske irruption de förnembste pass och orter uthi Voigtland och Bergiske Crayserne inne och besatte behåller, och derutöfver någre tusend man Kaiseriske sigh om Eger församble, de der ock utan tvifvel hitått destinerade äre, så att återigen en stor fahra, ja större än någon sin förr synes imminera detta landed. Gudh gifve, han drabbade allenast dem, som med sine perverse anslagh och procedures hafve nu tridie gången satt sakerne på ytterste spetsen och alt låted komma till ett sådant extremitet, att man om remediis nästan desperera moste, om icke Gudh åter vil göra någod miracel . . . . . .

XLVII.
Hans Georg v. Arnim an Axel Oxenstierna.

1633, Sept. $\frac{16}{26}$.   *Orig. im schwed. Reichsarchiv (Tidö saml.).*

E. Excel. seindt meine gehohrsame Dienste bevohr. Wie
ich zum Hertzog zu Friedelandt kommen, hatt er hochbeteuer-
lichen auf sich genommen, daß er nichts anders alß einen
algemeinen Frieden im H. Rom. Reiche wieder aufzurichten
suche, das vohrige hatt er wenigk berühret und erwenet, er
müfte eine Zwiekmülle behalten undt begehret, daß wihr in
gefambt ins Reich gehen undt der Crohn Schweden Volck erst
herauß fchmeißen wolten, den außer dem befünde er nicht daß
einig bestendiger Fride zu tractiren. Solche Vohrschlege habe
ich unchriftlichen gehalten, bin auch deßen wol verfichert,
daß S. Cuhrf. D. zu Sachßen, mein gnedigfter Her, diefelbe
in Ewigkeitt nicht eingehen werde. Deßwegen feindt alle
Tractaten zerschlagen und der Stilstandt kegen den $\frac{21\ 7bris}{1\ 8bris}$
aufgehoben. Hoffe E. Excel. werden darauß fpuren, daß S.
Cuhrf. D. nicht anders alß getreu und aufrichtigk begehret
mitt allen und jeden zu prociduren, und weil den hieauf
nichts gewißers erfolgen wirdt alß daß Gallas ins Cuhrfurften-
tuhm wieder gehen wirdt, so setze ich außer Zweifel, E. Excel.
werden Ihr furst. Gn. Hertzog Bernhartt ordre erteilen, daß
diefelbe auf ihme ein wachendes Auge. Wihr wollen alhier
tuhn waß muchlichn und redtlichen Leutten woll anstehet,
were woll hochnotigk, daß mihr unterweiln der Verlauf
fein zeitig von Ihrn Ortten avisiret, soll an mihr auch nichts
mangelen. Ich sehe nicht waß der Herzog von Fridelandt
mit dem Stilstand gewonnen, uns ist derfelbe da zu Nutze
gewefen, daß wihr unfere Armee conserviret. Gott wirdt woll
helfen. Befele etc.

Schwenitz den $\frac{16}{26}$ *7bris* a: o 1633.

XLVIII.
Hans Georg v. Arnim an Heinrich Matthes v. Thurn.

1633 Sept. $\frac{17}{27}$.   *Abschr. im schwed. Reichsarchiv[1].*

Ewer Excell. feind meine gehorfahme Dienste zuvor. Er-
frewe mich das E. Excell. fo willfertig mit Ihrem Volck auf

---

[1] Beilage zu einem Briefe Adler Salvius' vom 27. Sept. an den
schwedischen Reichsrath.

gen. Rendevous sich zu gesellen, wirdt woll hochnötig sein, das er so starck alß nur immer müglich geschehe, denn darin ich allzeit so sorgfältig gewesen, das unßere Tractaten auf Betrug würden außlaufen, hat die Erfahrung gegeben, denn der Hertzog zu Fridlandt aller seinen Erklärungen geschwiegen, von mir begehret, das wir unß mit ihme coniungiren, nachdem das wir gehen und die Schweden schmeißen helfen : were woll ein fein Schelmstück, sich gegen dem so undankbar erzeigen, der sein Bluth vergoßen, ja sein Leben gelaßen, daß unß möchte geholfen werden. Ich habe es rundt abgeschlagen, das auf keinerley Weise geschehen köndte, denn ich were deßen versichert, wann ein ehrbarer Friedt köndte geschloßen werden, der Herr Reichs Cantzler würde sich deßen nicht entziehen. Alßo gibt der Außgangk, das mein Argwöhnigkeit so ein großer Laster nit sey, darunter es der Hertzog zu Fridlandt gerechnet, sie schadet mir weniger alß wen ich mich von ihme betriegen laßen. Ich hette mich mein Lebenlang mit ihm woll in keine Tractaten eingelaßen, hette es unßere Zustandt nicht also erfordert. Betrugk pflegt gemeiniglich keinem mehr alß seinem eigen Herren zu schaden. Gott verleihe das, damit er allen falschen Hertzen ein Spiegel möge sein. Wir haben aufrichtig mit ihme gehandelt, ich hoffe es wird ihme noch einmal ein Stachel in seinem Gewißen sein. Befehle etc. *Actum* $\frac{17}{27}$ Sept. aº 1633.

XLIX.
Otto Johann v. Steinnecker an Axel Oxenstierna.

1633, $\dfrac{Sept.\ 24}{Okt.\ 4.}$ *Orig. im schwed. Reichsarchiv (Tidö saml.).*

So eilfertigk als mit meinem langksamen geferten zu reisen gewehsen, habe, weil die endunge des stillestandes unter wegens vernohmen, anhero mich begeben müssen, sonderlichen weil mons. Hamel auch nach H. graf Kinscky geeilet, ob etwas verborgenes unter ihnen passierete, ich zu vernehmen, auch weil der h. Graf des gantzen werkes wissenschaft, bei ihne mehr als in Schlesigen, weil alles zerschlagen, information zu suchen mir eingebildet. So ist zwahrt von Mons. Vieckier [Feuquières] gleicher partii, jedoch das Frankreich den nahmen und prioritet vohr andern haben wolte dem von Walnstein zu afisiren, mit Kinscky gehandelt worden, auch schreiben von Kohnigk aus Franckreich, schreiben ahn Walnstein und plenipotens von Mon: Vieckier dem Grafen gewiesen worden,

welcher es dem Friedland zu verstehen geben, der aber dem
Grafen mit Frangkreich zu schaffen zu haben verbotten. Sonsten
ist unter ihnen auch von mons. Hamel itzo nichts dan discurse
gepflogen worden, wie wohl etwas absonderliches mir eingebildet, worauf Walnstein eine zeit langk stille gewehsen.
In diesem vohr und wehrendem stillestand aber hatt Tetzki
auf befehl des Friedland ahn Kinzcki geschrieben und umb
Gottes willen gebehten, einen pas und schreiben vom Fursten
gesendet, er solte hinkohmen; geschehe es nicht, wolle der
fürst von keinen tractaten wissen. Worauf dem Churfürsten
der Graf das schreiben und pahs in originahl geschicket, welches
im Geheimen Rahd brachd, aber hinzuziehen verweigert worden;
worumb sich auch Arnheimb und Veldmarschalgk bemühet,
aber nichts erhalten mohgen. Ich arbeite itzo darahn. Der
Graf hat einen eigen botten nach den Fürsten, worumb gebrochen sey, zu vernehmen, auch hat er den 22 dieses einen
andern abgefertiget vohr sich, das von Ihr Ex. und von Franckreich einer unterwegens zu affisiren; weil aber der stillestand
gebrochen, hatten sie wieder zu rücke und nicht nach der
armeen gewoldt, er sie aber zu warten persuadiret, woraus
der graf dan eigentlichen, ob der fürst gantzs zum schelme
werden wolte und seine andere intentionen gewisse zu ernehmen
vermeinet, welchen, wo nicht der versperrunge zu entgehen ich
möcht weichen (?) aus abwarten werde. Was Walnstein des
friedenbruches vohr ursachen genohmen, ist noch nichts anders
wissent, als das er zwahrt sich zu coniungiren begehret, man
solte aber mit ihme zugleich in Francken und anderer ohrter
die schwedischen ausschlagen helffen, als dan guter frieden
zu machen wehre, dan sie zufohren alle geistliche guhter
wieder haben müsten. Soviel ich aber vernohmen, ist Walnstein
gewisse disgustiret gewehsen, erstlichen weil ducha de Veria
in Teutschland generahl sein solte, der fürst aber keinen als
sich selbst erkennen wolte; 2) ist er von Wien aus sich zu
hütten gewarnet worden, inbetracht er vom Keyser und allen
vohrnehmen vohr einem practicanten und leichtfertigem schelmb
geschetzet, es werde nun über langk oder kurtz, muste er
doch der kurtzeren ziehen; worauf diese dractaten geschehen.
Unterdessen ist Questenbergk und noch einer seiner crehathüren
bei ihme gewehsen, welche ihne umb gewendet haben sollen.
Kinscki hoffet aber vom Tetzska das fundament zu erfahren.
Was sonsten passieret, auch Arnheimb ahn Ihr Durchl., wiewohl nuhr generalia, geschrieben, auch in Geheimen Rahd, darzu
einmahl der hr residend erfordert worden, vohrgangen, werden
Ihr Ex. aus seinem bericht, dan wir mit einander communiciert,
gnedigst zu vernehmen haben. Beyde armeen seind aufgebrochen, der herzogh von Sachsen Lauwenburgk gehet auf

Bautzen, Arnheimb wil auf des feindes intention sehen. Gallas sol nach Leiptzigk gehen, wie wohl der Gen. lieut. Ihr durchl. nichts gewisses berichtet hat. Herzogk Wilhelmb hat durch dem obersten Brandenstein alhier etwas verrichten lahssen, welches der H. G. von Brandenstein am besten erfahren kan. Ihr Ex. zu langkwierigen wohlergehen, stehter gesundheit, des liebsten gottes schutzs etc.

Dresten den 24 sept. A : o 1633.

> Geben von dehme, welcher Ihr Ex.
> getreuer knecht bis in tod verblei-
> ben will.

L.
„Aus Frankfurt".

1633 $\dfrac{Sept.\ 24}{Okt.\ 4}$. *Abschr. im schwed. Reichsarchiv* [1].

Obwohl bißhero viel Schreibens- undt Sagens gewefen, welcher Gestalt der Herzog von Fridtland nicht allein alle Jefuiter für Schelmen und Dieb gefcholten und famptlich auß feinem ganzen Lager verjagt und bannifirt, sondern auch felbsten mit feiner ganzen Armee zu Chursachsen gefallen, auch dem Feldtmarschalkh Holckhe kurz vor feinem Todt befohlen haben ins kunftig demienigen, was ihme von dem von Arnheim wurde commandirt werden, geburlich nachzu-kommen, wie dan vor wenig Tagen ein eigener Curier von Chursachsen an Ihre Exc den Herren ReichsCanzlern naher Meinz fpedirt worden, welcher die angeregte Coniunction des Hertzogs von Fridtlandts mit Chursachsen confirmiret, ohn-geacht auch die intercipirte Wienerische Schreiben, so dem von Fridtlandt in *originali* zugeschickt worden außtrückens vermelden, daß man genzlich im Werkh gewefen ihne Her-zogen seines Generalats zu entsetzen, bey dem Kopf zu neh-men und naher Wien zu führen, an seine Statt aber den Duca de Feria zum Generaliss:o auf- und anzunehmen: weme nun sein des Herzogs von Fridtlandts Humor etzlicher maßen bekant, der kan leichtlich glauben, das er zu einer solchen Resolution durch diß *Procedere* bewegt worden seye.

So wollen doch ins gemein alle hochverstendige Politici genzlich darfür halten, das solches alles nur ein pur lauteres Spigelfechten und einzig und allein auf ein Betrug und Buben-

-----

[1] Beilage zu einem Briefe Salvius' an die Regierung in Stockholm.

stückh angesehen und dahin gemeint seye, wie man Chur
Sachsen möge separiren und zu einem particular Frieden nö-
tigen und zwingen, weiln er des Kriegs müde und sich bißhero von dem Gegentheil zu einem und andern Anstandt hatt
bewegen laßen, durch da dan der Feindt sich mechtig gesterckt
und einen großen Vortheil erlanget hatt. So ist auch nicht
zu vermuthen daß Ihre Kayf. Maj:t zu der Zeit, da alles
noch uff der Wag ligt, einen solchen Generalissimum, welchem
Sie mehrern Gewalt und Macht in Kriegssachen alß diefelbften
gehabt gegeben und eingeraumbt, licentiren und einen andern
hirzu zu substitutieren und anzunehmen würden resolvirt sein,
weiln in eventum dem ganzen Haus Österreich die genzliche
Ruin zugezogen werden dörfte. Es leßet sich zwar der Oberst
Graz, so itziger Zeit zu Frankfurt sich aufhelt ebenmessig
vernehmen und begert auch 1000 Rthlr gegen 100 zu fetzen,
wan sich nicht wie oben vermeldt, die Sachen mit der an-
gedeuten Conversion des von Fridtlandes dergestalt verhalten,
und man werde innerhalb 14 Tagen in Effectu erfahren, das
er Fridland sich gleichfalls zu der lutherischen Religion acco-
modirt habe. Allein will man diefem allem noch zur Zeit
wenig Glauben zustellen . . . .

Frankfurt den 24 Septemb. St. v. anno 1633.

Auß Frankfurt vom 24 Sept. St. v. anno 1633.

LI.
Johann Adler Salvius an den schwedischen
Sekretair A. Gyldenklou.

1633 $\dfrac{\text{Sept. 27}}{\text{Oct. 7.}}$ *Orig. im schwed. Reichsarchiv.*

Arnimb hafver sidst i Gelnhausen hos H. E. Rikscanzleren
giordt tu tingh : först excuserat eller mehra iustificerat thet
schlesische stilleståndet, af hvad skäl och motiver hafver
iagh ännu icke förnummit. Sedhan hafver han gifvit tilkenna
Wallensteins *disgusto* af try tingh förnemligast, 1) af den affront honom för try åhr vederfohrs i det han blef satt från
generalaten uthan någon orsak; 2) att han förnimmer det
duc di Feria, som nu kommer uhr Italien, skal sättias öfver
eller ju bredevidh honom och vara lika såsom hans Ober-
aufseher; ja thet som 3) mäst är, hafver han fått kundskap,
at the vele aldeles deponeran. Hvarföre hafver han gifvit
Arnimb och Riks Cantzleren tilkenna thet han vill revangera
sigh på kaysaren och Bayerfursten, så frampt vi vele holla
honom rygg och säkerhet. Detta värket är nu fuller kommet

H. E. mechtog suspect före, och hafver H. E. om stille
skrifvit Churfursten ett sådant bref till, som innelagda
copia uthviser. Men om Wallensteins *offerte* hafver H.
tad den resolution att holla alla armeer i sådhan postui
voro thet lauter bedrägeri medh Wallenstein. Sedan acc
H. E. offerten, störker Wallenstein ther uthi, och försäkrar
om ryggefeste. Är nu alfvar medh Wallenstein, så s
thet *in lucro*, är thet ock betrug, så hoppas vi icke
inthet blifve bedragne, uthan heller bedraga honom.
Wallenstein är tillbakas kommen, hafver Churfursten i
hast och *diligence* opfordrat alt sitt folck åt Schles
så att fast alla hans guarnisoner i Meissen äre blottad
kommer migh igår innelagda skrifvelse uhr Berlin
Churfursterna och Riks Cantzleren hafva skola gif
schlesische troupper ordre at stöta till Wallenstein o
honom föllie; att Wallenstein hafver fordrat den böl
chronan von Budeweiss till Prag och ärnar låta crö
till konung i Böhemben. Detta skriet är här ock i H
så starkt på börsen, att här äre alloreda i desse tv:
stora summor therpå förvädde och frögde sigh alle fc
Böhemer öfver motton, hollandes så före att theres res
är nu för handen. Hvadh nu här är åt, skall jagh m
liande postar videre advisera, ty iagh ännu om sielfva
ingen advis af någor förnemb hand hafver, men om
är thet fuller aldeles vist.

Doctor Luntzman, syndicus här i Hamburg, son
legatus till bådhe Churfurstarne, at the icke måge gifv:
consent till den danske Elbetullen, är alloreda från l
till Berlin kommen och skrifver samma tidende i går
hit till senaten. Gudh gifve thet troligen ahnginge, s:
man desto bätter hopp om vårt krigs godha uthgång
gudh sin välsignelse gifva ville . . . .

Gunstige herre, ehuru ock mehr går, så är höge
nödhen att hasteligen tänkia på medel, huru siökan
blifva äntsatt medh proviantperzehler uhr Sverige, ef
af the . . herrer och senatorer, som i Wolgast sidst
voro för bäst och rådeligest funnet var. Gudh förbi
Wallensteins *consilia* voro bedrägeri eller vi elliest i S
något nederlagh lede, så lupe hela siökanten inger
risico, och vore inthet gott, ther Horn eller the andra ai
skulle moste förlåta Oberlandet, gifva Feria ther oj
och sättia *sedem belli* här nedre. Her Lessle, som hafver
commando uthi alla siö guarnisoner ville gerna skrifv
ringen till det samma, men efter han kan sielf inthet
hafver ock en tydsk till secreterare, så tors han honom
inthet committera, badh för denskuldh jag ville hono

i entskylla och förmäla theres N. N. och H. H : ter alt
detta . . . .
    Hamburg den 27 September a:o 1633.
        Postscriptum.
    Sedan detta skrifvit var, hafver den churfurstlige sach-
sische agenten Lebzelter låtit migh veta, at han hafver fått
tidender uhr Dresden, det Wallensteins saker skola vara bedrägeri, at alla troupper kallas för den schuld ihop, at Churfursten hafver nyligen (öfver den Schlesischa armeen) mön-
strat 10000 man i Dresden och ärnar Arnimb, så snart stilleståndet (den 22 Sept.) uthe voro, gå på fienden och lefrera
honom ther en schlacht. I medler tidh skall en Hatzfeld
vara succederat i Holckens ställe och dresserar åter en armée
i Voigtland. Tilkommande post hoppas iagh skrifva något vis-
sare . . . .

LII.
Otto Johann v. Steinnecker an Axel Oxenstierna.

1633, okt. $\frac{2}{12}$.   *Orig. im schwed. Reichsarchiv (Tidö saml.).*

    Die weil ahn diesem tractaten nichtes mehr zu hoffen,
wie wohl an einander trompeter, jedoch heimlichen, noch
gesendet werden, dan Friedtland es nicht so ubel gemeinet
zu haben vohrgeben soll, habe mich nach der armee, mit
der etliche tage marchiret, mich begeben, wie wohl sie sich
starck schetzen. Befinde sie nicht hoher dan 6,000 zu pferdt
undt 5,000 zu fuhs, schones volgk. Mit Ihr Fürstl. Gnadhe
dem h. veldmarsch., welcher Ihr Exc. seine dienst vermelden
lesset, habe gerehdet, klaget uber die untreuw des hertzoges
von Friedtlants, wie aber gewisse, wan sie ahn der crohn
Schweden zu schelmen hetten werden wollen, die tractaten
nach des hertzoges begehren hetten vohrtgehen konnen. Umb
dessen willen seind Ihr F. G. mit schelten undt schmehen von
hertzogk von Friedlandt abgeschieden. Habe aber nichts
ausführliches, da Ihr F. G. den 27 sept. eilens nach dem Berlin
aufgebrochen und an dem abendt nuhr eine halbe stunde,
wie sie gleich zu pferde sitzen wollen, zuvohr gesprochen,
rehden konnen. Vermergte aber, das wergk Ihr nichts ge-
fellet, haben Fransche: bestellung ahn zu nehmen gesuchet,
dessen erbietnis albereit an Mons. Viekieren, wie er zu Dresten gewehsen, das sie die sechs. armee ahn sich ziehen,
2 monat aus ihren mitteln erhalten wolten, wan sie hinkegen der contentirung halber von Ihr. Ma:t versichert
wehren. Damit aber Ihr Ma· versichert zu trauwen, wolten

sie alle`Ihr guht in Franckreich schaffen, vohr das bahre geld aber, wohin der königk Ihr F. G. jerne sehe oder ahnwisen liesse, güether im lande kaufen: welches aber wegen der Wallensteinschen sachen verblieben, itzo aber von mons: Hamel ahngemahnet worden, dessen halben ich noch ein franschösich schreiben von ihme ahn mich behalten.

Die sechs. armee kommet heute zwischen Pirna undt Dresten zu liegen. Haben eine schifsbrücken, wie vorm jahre, geschlagen, logiren das fuhsvolgk darinnen und wollen aldahr des feindes intencion absehen. Zu Leitemersitzs, ungefehr 9 meilen über Dresten, schlaget der feind eine brücken, darhin Gallas gewisse inn aufbruch von Eger mit Friedtland zu coniungiren sein soll. Wie starck der feind in Schlesigen seine besatzunge hinterlahssen, ist mir nicht wissent, als das Schafkutzs aldahr verblieben ist.

Von Arnheims itzigen heimlichen vehrnemen, welches zwahrt hochlichen in confusion, habe nichts vernohmen, die weil mit ihm auch nicht rehden konnen. Ihr Exc. schreiben hat er mit sonderbahrer manier von mir bittlichen begehren lahssen, hernacher weil er mit 4,000 pf., dan der feindt die pagagij, weil sie erstlichen vorahn nach Torgauw gesolde, zu plündern vermeinet, eilens hingehen muste, konte er itzo mit mir nicht rehden, vohrgeben, zu dehme wehre nun an diesem wergke nichts zu thuen. Ihr Exc. hatte er auch 2 mahl ausführlichen geschrieben, hoffte auch in kurtzen Ihr E. selbst zu sprechen, und weil ich ihme auch zu *suptile* mit mir nicht zu schaffen haben wolte, ich haltes vohr eine alte grille. In Schlesigen haben sie alle pesse, so sie innegehabt, mit der crohn Schweden, etwas sechs: und brandenb. volgk besetzet gelassen. Hinkegen ist Schafkutzs ahn des feindes seiten hinterblieben; wie stargk erfahre verner. Friedtlandt ... die besetzte ohrter von den sachsen in den sechstehten algemach (?) ein, wird sich aparentlichen auf beiden seiten der Elbe theilen. Wie man mir saget, seind sie in Schlesigen 9,000 stargk. I. F. G. der h. veldmarsch. vermeinet, wan I. Ex. 4,000 zu fuhs noch hinsenden konten, wehren sie in allem pastant. Des gleichen begehren sie alhier von Ihr Ex.; 5,000 man zu fuhs ist auch wohl gewisse die lauter (?) nohd. Diese stahd ist, wie lengst, in falschen *terminis*, im hertzen feind, im munde freundt. Ahn Ihr Ex. habe vom printzs eine behagliche andword. Des Kintcki botte ist alle stunde zu erwarten, welcher mich auch zu warten uber alle masse animiret. Hoffet gewisse das fundament zu erfahren, da die tractaten gewisse noch gerichtet werden, da dehm (?) Walnstein ahn dem g. von Thurn ausganges des stillstandes unterschiedlichen geschrieben haben soll, welches Raschin, so vom g. von Thurn heute khomen, berichtet, welcher auch bei Walnstein newlichen gewehsen, confermieret der tractaten vohrdgangk; wil fahst, als das Arnheim mit den sachen die ehre alleine zu haben, mehr zum verhindern als vordtgangk umgehen solle. Wehre guhd, kontes man ihme aus der hand reussen, worzu mir vertrohstunge geschehen, wan nuhr das Ihr Exc. keine un-gnahde, so darein verner mich begebe, vassen oder tragen wolten, dieweil mein memorial dahin nicht lautet, weil die sachen vohr dieses mahl gebrochen ist, dahero ob Ihr Ex. zu der sachen vernere beliebunge tragen, ich nicht wissen kan. Man saget alhier das die unserigen grosse schlege bekohmen, Ihr Ex. H. veldtmarsch. und Ihr F. G. hertzogh Bernhart, wie auch die Beherfürst wehren geblieben, wir aber das veld quiettiret. Hatt uns der allerhöchste gott mit dieser straffen nicht beleget, sondern dem feinden gestürtzet, werden Ihr Ex., das man alhier einschlagen wirdt, gewisse sehen, wan nuhr also dan Ihr Ex. auch werden ja sagen wollen. Werde Ihr Ex. gnedigsten befehl, interim auch des g. Kintcki alhir erwarten. Ihr Ex. etc. [1]

Dresden den 2 oktober a:o 1633.

Die öhrter so in der Schlesigen noch besetzet so viel ich weis seind als Opeln, Briegk, der Breslauische thumb, Liegnitzs, Stehnauw, Saga, Grosseglogauw.

LIII.
Laurens Nicolai an Axel Oxenstierna.

1633 Oct. $\frac{4}{14}$.   *Orig. im schwed. Reichsarchiv (Tidö saml.).*

. . . . De kundskaper, som kombne äre om victorien vedh Costnitz skall förmodeligen giöra Fridland perplex och till eventyrs vara orsak, att han åter hafver skrefved v. Arn-heimb och feldmarskalken H. Frantz Albrecht till, ded honom i siälen förtryter att tractaten dem emellan är så plötzlig sönder-gången, begärendes man ville den reassumera medh *offerte* att ingå ihnen selbst beliebende *Conditiones*, dan er von keinem Krieg mit ihnen mehr wissen will. När detta är Chur-

---

[1] Die beiden Briefe Steinneckers sind nicht unterzeichnet und waren versteckt, der eine unter den Briefen Brandensteins an Oxen-stierna, der andere unter den Acten zum Jahre 1633 in der Tidösamm-lung. Eine Vergleichung der sehr eigenthümlichen Schriftzüge und des Siegels hat doch ergeben, dass sie von ihm herrühren. Theilweis sind sie in Buchstaben-chiffre geschrieben. Die Pictur ist übrigens sehr schwierig, in einzelnen Fällen unleserlich.

fursten bibracht, skall H. Churf. Durchl. hafva svored en *juron* af några M. sacramenten, han ville inted mer veta af sådane bedrägelige tractater . . . .

Hertig Frantz Albrecht är *en poste* ryckter vedh Bautzen ifrån armeen åt Berlin. En hans confident här uthi Dresden, hos den hertigen sine *maxime pretiosa* deponerad hafver, berättar migh, ded sådant *depositum* är altsammans för få veckor sädan affordrad, så att hertigen nu här i Dresden inted mer hafver. Och är be:te confident i den mening förnembste orsaken vara till hertigens resa åt Berlin, att han sine saker antingen der deponera vill eller till någon annan ort transportera låta, efter han achtar oförtöfvad upsäga Churfursten sin tienst och begifva sigh uthi frantzösisch bestallningh . . . .

Af Dresden den 4 Octobris ao. 1633

LIV.

Aus dem Journale Laurens' Nicolai von 4 bis 8 October 1633.

Abschr. im schwed. Reichsarchiv (Tidö saml.).

. . . . Samma dagen (den 7) ankom hertig Frantz Albrecht till Dresden klockan 5 om aftonen, hade uthi sitt föllie den Friedlendske trompetter, son H. F. N^de salvum conductum bracht hade, desslikes brefved, derutinnan Fridland så högt förtnyter, att den förre tractat inted är gången för sigh, och begärer reassumptionen, protestando, om hertig Frantz Albrecht och han kunde komma till tals, att deras conference beggie partien skulle öfvermåttan gagna. Om Churfursten hafver consenterad till denna conference är svårt att expiscera. Man vill ded inted srå till. Ehuru derom är, så rykcte hertigen betideligen den 8 härifrån till Fridland . . . .

LV.

Wilhelm Kinsky an Heinrich Matthes v. Thurn.

1633, Dec. $\frac{17}{27}$.　　　　*Abschr. im schwed. Reichsarchiv (Tidö saml.).*

Mitt diesen wenig zeilen unterlass ich nit E. Exc. mich ganz dienstlich zu befehlen, bittend mich dero zustandt und gutte gesundheit zu verstendigen. Ich hab ein zeit her viel ungelegenheiten ausgestanden. So ist mein liebes weib lenger als acht wochen gar geferlich lagerhaft gewesen. Der fromme gott hatt es aber zur besserung geschigkt, dafür ihm lob undt

5*

dangk gesagt sey. Wüntschen wolt ich von grundt meiner
seelen mit E. Exc. wo nit lenger, doch auf ein halbe Stunde
mich zu unterreden. Ich hab eß nit auß blossen wortten,
sondern kreftiger und bestendiger gesehen, das die bewuste
person und principal begierig alleß was wier vorhin gewüntscht
einzugehen. Sehen eß E. Exc. für gutt an undt vermeinen Sie,
das eß der gutten parthey annemblich, deuten Sie mir mit
wenigem an, auf waß manier man eß begehre einzugehen;
wolte alßdan das meinige gerne darbey contribuiren undt mich
E. Exc. befehlich nach accommodiren. Eß muß aber diese
materi nit durch gemeine undt unverschwigene leuthe, sondern
gar enge, balt undt destramente tractirt werden, das gleichsam
knall undt fall einß steg. E. Exc. wissen es besser als ich
schreiben khan, waß zur solchem handel von nöten. Mehrerß
diesser zeit nit, alß befehl mich, mein weib undt kinder in
E. Exc. gnade, alle lieb und affection, erwarte auch von derselben eilender resolution undt antwort, werde darneben bleiben
bieß aufß sterben etc.

$\frac{17}{27}$ x : bris[1].   *W. K.*

LVI.
Wilhelm Kinsky an Heinrich Matthes v. Thurn.

1633, dec. 29 (? 24).   *Abschr. im schwed. Reichsarchiv (Tidö saml.).*
1634, jan. 3.

Ich wil hoffen, E. Exc. werden mein jüngsteß an dieselbe ergangeneß briefl zur recht empfangen undt darauß, wie
es zum theil mit herrn v. F. beschaffen verstanden haben.
Weil ich aber hierauf khein antwort bieß hero empfangen,
alß werde ich verursacht solcheß zu wiederholen, auch darbey
zue berichten, dass ich das werg meineß theilß so richtig
befinde, das deren ganz nit zu zweifeln undt, da wier eß nur
selbsten nit verabsäumen, das spiel in unsren henden haben.
E. Exc. bemühen sich dem vatterlandt zum besten in dem
wergke. Meineß theilß erachte ich, wan eß herzog Bernharten
so in der nehe, aufgetragen würde, eß khönte desto eher
geschlossen sein. Ich werde innerhalb 3 tagen nach Tepliz
auf instendigeß ersuchen G. T. Möchte sich auch wol schigken,
dass ich auf erfordern H. v. F. bieß nach dem haubtquartir,
so wenig meilen davon, reisen thete. Befehl mich etc.

29 (?) dec.
----------   *W. Ky.*
3. jan.

---

[1] Auf der Rückseite steht: Copey Schreibens etc. $\frac{27}{17}$ *Novemb.*

LVII.

Heinrich Matthes v. Thurn an Wilhelm Kinsky.

1634, Jan. [3]/13.   *Abschr. im schwed. Reichsarchiv (Tidö saml.).*

Hochwolgeborner herr graf, liebster vertrauter herr vetter undt schwager. Das Gott E. Lbt. mit unterschiedlichen creutz ein zeit haimbgesucht, darunter dieß dass höchste, die krangkheit seiner alliebsten trewen gemahlin, hab ich vernohmen mit herzlichem mitleiden, doch also balden den trost darbey ergrieffen, Gott hilft den seinigen auß dießem allen, dem sey darumb lob, ehr undt dangk gesagt. Betreffendt die gehaime sachen (kurzlich), E. Lbt. werdenß nach dero hocherleuchtem verstandt, alß der gutte wissenschafften, wol verstehen undt abnehmen khonnen. Wie aber das wergk anzugreiffen, das gefallene vertrawen aufzurichten, der außgeloschene glauben aufgeblaßen werden mochte, da bedürfte ich weisen undt gutten raht. Den waß sich bey deß hochlöblichen khüniges lebzeiten, in obberürter materi verloffen, waß durch herrn Raschin an undt fürgebracht worden, darunter unser liebster schwager und freundt mergklich interessirt gewest, ist E. L. unverborgen blieben, auch waß der edle herr z Bubna als ein aufrichtige seell, darinnen negocirt hat, ist doch alleß *in lami* außgangen. Waß für ein resolution der liebe herr General Wachtmeister von dem principal außgewürgkt hatt, seindt nit blosse wort (welche doch hoch zu halten) gewest, sondern von aigner handt geschrieben, so der bekhante prinz wol bedechtig geleßen, den weißlichen verstandt gerühmet, auch bekhant, dass khein neher undt besserer weg zu erfinden. In meiner seelen undt herzen hab ich eß alleß für' geschlossen gehalten: gnug von diesem. Herr Generalleutenant Arnheimb, so listig, wizig, vorsichtig undt misstrausam gehet (wie eß die jezige welt erfordert), hatt sich doch einen sehr weiten weg schigken lassen, *sincere* referirt undt mit solcher volkhommenheit die resolutionen gebracht, dass man khen mehrerß hatt desideriren khönnen. Wie eß abgelauffen, waß darauf erfolget, davon wil ich schweigen. Gott sizt am gericht.

Waß der will undt meinung auf unserer seiten geweßen, ist dem prinzen wol bekhant. Bleiben sie auf dero jüngsten erklerung undt entschliessung, stellen für augen ein sicheres vertrauen undt glauben, nehmen den sehr eingerissenen scrupel deß verursachten misstrauens, so sein sie, so war als Gott lebt, versichert, dass man bey den vorigen erklärungen standhaft, erbar undt redlich begehrt zu verbleiben. Posito ich wolte also balden nach meineß herzen begier die sach anhengig machen, procuriren und sollicitiren, so bin ich durch den

vorigen verlauff also beschämbt worden, dass ich gleichsam
die augen muß unterschlagen, weil der credit so merglich
gefallen. Bitt E. Lbt höchlich umb dero trewen rath undt,
so dessen guttachten unserß mündlichen besprechens zu etwaß
nuzlichen undt dienstlichen sein khan, mier eilendß andeuten,
wil herzlich gerne khommen; mich unter dessen aber E. Lbt.
dero herzliebsten gemahlin auf dass schoenste mit dienstlichen
grueß befehlendt.

Datum Krauthaimb den 3 jenner 1634.

E. Lbt.
getrewer vetter etc.

P. S. Bey ihr Ex. herrn Reichscanzler war ich zue Maintz,
hat mier in der geheimb vermeldet, dass Arnhaimb in der
sachen gutte speranz giebt ihn baldt durch schreiben zu er-
frewen, er hette aber nit geantwortet, hielt wenig darauff, den
wehre es dem prinzen ein ernst gewest, so hette das bey
leibzeiten des lobwürdigsten königes volnzogen; in summa es
ist der Thomas glaub. Gott geb doch, dass man lezlich sag:
Mein Gott undt mein Herr.

LVIII.
Wilhelm Kinsky an Bernhard, Herzog von Sachsen-Weimar.

1634 Jan. $\frac{4}{14}$.   *Orig. im schwed. Reichsarchiv (Tidö saml.).*

Ewer fürftl. G: den feindt meine fchuldtwilligfte Dienft
höchsten Vermögens nach bereit. Derofelben khan ich dienft-
lichen zue vermelden nit unterlaffen, das ich mitt Bewilligung
und gnedigftem Consens Ihr Churf. Durchl. zue Sachfen
meines gn:sten Hern meine ruinirte Gueter in Behmen zue
befuechen nach Töpliz ankhomen, weil ich aber dem Verlaß
nach Hern Graf Trzka meinen Schwagern alda nit angetroffen,
follendts bis nach Pilfen, alda das Hauptquartir itzo, ihme
nachgefolget undt weil ich mich mit demfelben meiner particular Negotien halber zuer genung unterredet, auch vernommen
das E. F. Gn. in der Nahendt itzo anzuetreffen, als hab ich
meiner fchuldigen Devotion undt *Debito* nach nit unterlaffen
follen durch diß Briefel E. F. G: den die Handt zu khiffen, mich
derfelben zue Dienften reccomendiren, und da es derfelben
nit zue entgegen an dem Ort, wo Sie mir die Stelle nennen
werden, perfonlich aufzuewarten, bai der Gelegenheit auch

E. F. G : den ein wichtiges *Negotium* vertraulich communi-
ciren. Erwarte hirmit bei diefem Trompetter einer nachrich-
tigen Antwort und Passes. Verbleibe darneben etc.

Pilsen $\frac{4}{14}$ Janu. 634. W. G. Kynskij.

LIX.
Wilhelm Kinsky an Heinrich Matthes v. Thurn.

Orig. im schwed. Reichsarchiv (Tidö saml.).

Auß E. Exc. schreiben, so Sie an den Secretarium ob-
gehen lassen, hab ich mitt höchstem contento vernomen, dass
Sie bei gueter leibsgesundtheit sich befinden. Gott erhalte dieselbe darbey zue trost vieler betribten auf viel lange jahr.
Wünschen wolt ich mich so glükhsehlig, dass ich nur ein
stundt mit E. Exc. reden khunt. Schreiben lest sichs je nit.
Diese leidige verwirte zeit mocht viel leut fast in desperation
gerathen, bedürfen wol trost und assistendtz. Gott aber lebt,
so alle bedrengte erhört, die ihn mit treuem herzen anruefen.
Der her Ad.[1] ist mir wol leidt, wolte gewiß drauf sterben,
dass er nit vorsezlich gesindiget und khompt zu diesen hendl
als ein unschuldigs lamb. Besser war es zwar, wen er seinen
frumen eltern, auch anderen treuen rath gefolgt hette. Man
mueß aber mitt solchen wenig experimentirten leuten geduldt
haben, sie nit in desperation setzen, sondern zeit geben, dass
sie sich recolligiren undt mit schaden wiziger werden. Diesse
wenig zeilen schreib ich drumb, dass mein hochgeehrter herr
vetter sehe, dass ich sampt den meinigen noch lebe und sein
gehorsamer sohn und diener biß aufs sterben verbleibe.

W. K.[2]

Hern Z Bubna bitt ich wollen E. Exc. zier hoch grüssen
und ihn meiner treuen dienst versicheren[3].

A Son Exc:lle
Monsignour le conte
de la Tour.

---

[1] »Ist der graf Adam Trzka«: Bemerkung v. Thurn im Rande.
[2] »Dießer ist graf Wilhelm Khinsky«: Bemerkung v. Thurn.
[3] Der Brief ist undatirt, wurde aber unter den übrigen hier mit-
getheilten (LXV—LXVII, LXX, LXXI) gefunden. Es ist doch möglich,
dass er zu einer früheren Periode gehört. In einem undatirten Briefe
Thurns an Oxenstierna, der doch von der Lebenszeit Gustaf Adolphs
herrührt, wird auch ein Brief Kinskys erwähnt.

LX.

Heinrich Matthes v. Thurn an Axel Oxenstierna.

1634, Jan. ⁸/₁₈   *Orig. im schwed. Reichsarchiv (Tidö saml.).*

Was mir herr graf Wilhelbm Khinsky mit agner handt
schraibt ist mein schueldigkeit zue schikhen. Hof das dieße
molestia von mir wierth wol aufgenomen werden. Nochdem
es E. Exc. geleßen, bitt ich mir widrumb zu khomen laßen.
Handtgraifliche und augenscheinliche sachen miessen erfielt
und vorgeschlagen werden, den die vorgelofne *actiones* haben
khein anders alß unglauben und mießtrauen erwekhen khuennen.
Her graf Khinsky ist in warheit ain wicziger feiner cavaglir,
hatt guette wißenschaft, was nunmher zuem drithenmal vorgangen, wierth ohn zwaifl vor E. Ex. siech nit untersthen auf-
zuziegen mit unkhlaren sachen. Dies aber alles berueht auf
E. Exc. hoch erleichten verstandt. Mich etc.

Krauthamb ⁸/₁₈ jener 1634.

Dießer mein diener Sigmundt
Beiczer ist mein gehämer und
treuer diener. E. Exc. khönnen
imb sicherlich traun.

LXI.

Wilhelm Kinsky an einen Ungenannten[1].

1634, febr. 3 (jan. 24).   *Abschr. im schwed. Reichsarchiv (Tidö saml.).*

Dem hern mein dienst, viel geliebter vertrauter her
schwager. Der herr Raschin wirdt dem herrn wisen zu in-
formiren von itzigen Pilsnischen zustandt. Der herr helfe in
dero materie travaliren undt ale eigene competenz undt particular interesse was nur möglich zu leschen undt sie lasen
nicht darzu khomen, das man von hiesiger intention sol
zweifeln. Seindt gar zu gute wahrzeichen, welche ich nicht
glaubete, wan ich nicht present were undt es nicht mit meinen
augen sehe undt mit meinen henden grieffe; so als gott ist,
wer haben den frieden in unsern henden, wan wier ihn nicht
mutwilig selber von uns treiben undt werfen. Hiermit etc.

willger schwager undt diener
Wylem K.

Dat. $\dfrac{24 \text{ jan.}}{3. \text{ febr.}}$

---

[1] Vielleicht an den v. Bubna.

LXII.

Diederich v. d. Werder [1] an Axel Oxenstierna.

1634 Febr. 17/27.

In Auszug von Dudik, a. o. s. 437, mitgetheilt. In der Abschrift aber, der er gefolgt hat, ist durch Auslassung oder Wegschneidung ein Paar Wörtern die zwei letzten Puncten verstümmelt worden. Sie lauten nach dem Originale so: »der (Arnim) hat den Churfürsten gestern Abendt zu Gast gehabt undt von wegen solcher guten Zeitung die ganz Nacht durch bis heute umb 6 Uhr Morgens *gesoffen,* unterdessen immer auf Wien zu marchirt. Diese Stunde umb *12* Uhr Mittags ist Arnheimb auf und nach Eger gezogen« (v. d. Werder an Oxenstierna in der Tidösammlung; seine erste Nachricht an den Reichskanzler von der Katastrophe in Eger habe ich nicht wiederfinden können).

LXIII.

J. Ph. Kratz an Otto, Wild- und Rheingraf.

1634, Febr. $\frac{19}{29}$.   *Abschr. im schwed. Reichsarchiv* [2].

Ewer Excell. küße ich mit gebührender reverenz gehorsamblich die hände und berichte dieselbe, daß einer vom adel sich in nahmen deß herrn graven Kinsky, so sich zu Dreßden aufgehalten, angemeldet, mir des herrn gr. Kinski wie nicht weniger dess herrn Terschka grueß und dienst vermeldet, benebens vorgeben, dafern es mir annemblich, wolten sie die sachen dahin richten, daß der hertzog von Friedlandt mein bester freundt sein werde. Darauf ich dieße antwort geben, dafern der hertzog v. Friedlandt der hochlöbl. cron Schweden und der löbl. ständt freundt würde, daß alß dann ich dero unterthäniger diener auch were, dafern aber solcheß nicht geschehe, bleib ich deßen feindt bis in mein endt. Darauf er mir replicirt, eß werde gewiß geschehen, daß er sich werde accomodiren. Ich aber: daß gebt gott und wann ichs sehe, so glaub ich eß. Dieß schreib ich E. Exc. alß dem höchsten haubt zu den endt, damit ich nicht heimlich tractire oder handele, davon meine superioren nicht wißen sollen und den falschen zungen kein ursach gebe zu andern gedancken. Ich aber etc.

Frankfurt den 19 Febr. 1634.   J. Philips Gratz grave.
                                           v. s.

---

[1] Oberst, schwedischer Abgesandter nach Dresden im Februar 1634.
[2] Beilage zu Nr. 65.

LXIV.
Martin Chemnitz an das Consilium generale in Frankfurt.

1634 $\frac{\textit{Febr. 20.}}{\textit{Mars. 1.}}$ *Orig. im schwed. Reichsarchiv*[1].

Das Original ist einem Briefe des Consiliums an Axel Oxenstierna beigelegt. Nach einer Abschrift, an den schwedischen Reichsrath eingesandt, von Dudik, l. c. S. 440ff. gedruckt und nach ihm an den Reichsrath gestellt. Die Abschrift ist übrigens gleichlautend; nur am Ende kommt eine kleine Abweichung vor, indem die Notiz vom Gefangennehmen des Herzogs Franz Albrecht im Original als ein P. S. steht, in der Abschrift aber mit dem Texte einverleibt geworden ist.

LXV.
Consilium generale in Frankfurt an Axel Oxenstierna.

1634 $\frac{\textit{Febr. 22.}}{\textit{Mars 3.}}$ *Orig. im schwed. Reichsarchiv.*

E. Lbden und Exc. sollen wir hiemitt billich dienst- und unterthänig nicht verhalten, waß für ein schreiben verschienen mittwoch an mich den Rheingrafen herr grav Kraz (welcher an einem fieber zu beth liegt) abgehen laßen, darauf ich eine notturft befundten den secretarium Varnbülern zu ihme zu schikhen umb mehrere *specialia* und beyneben auch zu vernehmen, wie der vom adl durch kommen. Der referiert nun wider so vil, daß diser vom adl deß hern graf Kinskhij diener, der evangelischen religion, ein exulant auß Böhmen und eben dieser sachen halber nacher Halberstatt verschikht und von darauß seinen weg alher genohmen, und daß E. Lbdn und Exc. von allen diesen beraïts gutte wissenschaft. Haubtsächlich aber halte er darfür, daß es deß hertzogen auß Friedlandt rechter ernst, so gar daß er eintweder dise intention mitt gewalt durchtringen oder gewiß sein kopf darob laßen müße. Einmahl sey er an dem keys. hof suspect, von den spanischen und der pfafferei verhasst, daß er dem hauß Österr. und daß hauß Österr. ihme widerumb nimmer mehr recht vertrauen könne, der herr hingegen sey hoch und trachte allein, weilen er über sechs jar, wie er sich vernehmen laße, nicht mehr

---

[1] Beilage zu Nr. LXV.

zu leben, einen grossen nahmen zu hinterlaßen; den könne
er besser nicht erwerben, alß wenn er die Böhmische Cron
wegnehme, sein vatterlandt wider zu einem freyen wahlkönig-
reich mache, von dem angemaßten erbaigenthumb deß hauß
Österr. liberier, und daß Röm. reich wider in vorige libertet
und ruh bringen helffe. Er wisse zwahr wohl daß mann ihme
auf dieser parthey nicht werde trauen. Er hab aber vörhst-
mahln in Schlesien anderß nicht geköndt, und soll mann ihne
für so kindisch nicht ansehen, daß er, wann er nicht hierüber zu tretten gewillt gewesen, nicht alles volkh wollte haben
niderhauen laßen, der wohl gewüsst, daß es ihme wider auß-
reiße. So soll auch niemandt glauben, daß er Regenspurg
nicht hätte entsetzen können oder noch täglich wider weg
nehmen köndte; vil mehr hab er Gallassen zu sich in Schlesien gezogen, den er sonsten wohl hätt in Regensp. werfen
können, damitt hern herzog Bernhardts F. Gn. solchen orth
weg zu nehmen luft habe. So woll er auch sonsten solche
demonstrationen thun und gegen dieser parthey (wann mann
ihme allein dem königreich Böhemb nicht zu nahent komme)
dass geringste tentieren, daß mann ihme trauen müße. Ob
zwahr Varnbüler ihme begegnet: Er herzog hätts gegen dem
hauß Österr. nicht uhrsach, alß welches ihne so hoch gemacht,
und werde vorauß die verschonung deß königreichs Böhem
allein angesehen sein, daß unsre parteij auf sich selbsten stil-
ligen, sich consumieren, er in mitls luft haben soll nach allem
wunsch zu sterkhen, alßdann mitt grosser macht zu gehen;
so ist doch repliciert worden: von dem hauß Österr. hab er
zwahr grosse gnad empfangen, sey aber hin widerumb sehr
disgustiert worden, und der herr vil höher, alß daß er solches
wisse zu verschmerzen, wie er dann insonderheitt übl zu-
friden, daß Ragozi dem könig in Ungarn sein volkh in
$\frac{m.}{15}$ mann übergelaßen und wider all sein abmahnen solches
angenohmen worden, und der könig selbst darmitt wolle zu
veldt ziehen, wie er dann auß solchem *disgusto*, deß keysers
intention zu wider, den ganzen Böhmischen landttag für sich
selbs aigns gefallens dirigiert und veruhrsacht, daß der Burg-
graff mitt der Cron von Prag sich weg begeben, und er herzog
nun mehr willens sey seine vertribne landtsleiht, welche bey
ihme halten wöllen, wider einzusetzen. Er habe auch mit
allen seinen obristen mitt einem leiblichen aidt und aigen-
händiger subscription sich *reciproce* verbundten, dass sie
einander in keiner occasion, es gehe wider wen es woll,
wollen verlaßen. Zu dem so sey er, wie der vom adl be-
ständig berichte, starkh genung, hab effective $\frac{m.}{30}$ mann gutt
volkh, da er damitt wollte in die Oberpfalz rükhen, wüsste

er nicht wie man ihne solches vermehnen würde. Über daß alles sey er gewiß ein hochverständiger, weittaußsehender herr, der gleichwohl in acht nehme, dass diese parthey aller orthen sich sehr versterkhe, neben guttem progress einen grossen anhang bekomme, da er vielleich in sorgen stehe, es möchte ihme ein streich misslängen und er umb reputation gebracht werden, daß er sich wider aufzurichten kein mittl, und was dergleichen mehr eingewendet, doch endtlich alles dahin limitiert worden, daß er selbst nicht darfür halte, mann ihme zu wohl trauen, sondern nur desto mehr sich sterkhen solle.

Als nun Varnbüler unß solches unterthänig mitt mehrern referiert, kombt die Nürnberger post, confirmiert dergleichen und noch mehr, daß der herzog von Friedlandt zu Lintz für einen offnen feindt und rebellen des kaysers außgerufen und angeschlagen, sein vetter einer Bertholdt von Wallstein und obrister Kherauß gefangen genohmen, sein pagage durch den Piccolomeni geblündert worden. Wiener brief über Paris meldten daß mann zu hof trachte den herzogen von Fridlandt nacher Wien zu ziehen und ihme wie hie bevor die armee zu nehmen, deß merkht er aber, woll nicht trauen und dörfte wohl gefährliche *resoluciones* fassen.

Welches E. Lbd und Exc. wier gleichwohl zu dero nachrichtung weitläuff., so vil unß deß hern graf Krazen mitt Varnb. gehaltenner discours und die gemeine zeittungen an die handt geben, dienstl. und unterthänig berichten wollen, daß judicium und waß hieran zu glauben E. Lbd. und Exc. hohem von Gott begabtem verstandt heimbstellendt, deren wier aber hiemitt zugleich dienstl. und unterthänig einschliessen wollen, waß in dieser sache deß hern herzog Bernh. F. Gn. an die statt Nürnberg geschriben [1], und weiln gleichwohl diß werkh, es schlage zur ernst oder betrug auß, von sehr weittraichender importanz, wier beynebens nich zweiflen, es werden hochgedachts Hern Herz. Bernh. F. G. hierunter mitt grosser fürsiechtigkeitt und behuttsambkeit verfahren und fürderist, mitt E. Lbd und Exc. derentwegen vleissig correspondieren, auch ohne derselben vorbewusst sich nicht leichtlich einlassen, so erinnern wier unß doch daß Ihre F. Gn. an leithen sehr entblösst und bedunkht unß unmaßgeblich eine hohe notturft sein, daß Ihre F. Gn., welche mitt der *expeditione bellica* gnuegs. occupiert, in einem so wichtigen nebengeschäft mit etwaß mehrern verständigen klugen erfahrnen und getreuen leithen, so die *consilia* rechtschaffen zu dirigieren wüssten, möchten subleviert und versehen werden, und daß umb so vil mehr, weiln

---

[1] Der Brief (1634 ¹¹/₁₂) enthält nur eine Warnung sich vor Friedland zu hüten.

es auch in dem fränkhischen crayß unter bayden fürstl. per-
sohnen, hern marggr. Christian und hern hertzog Bernhardts
F.F. Gn.Gn. der præcedenz halben allerhandt mißverstandt, wie
auch zwischen hochgedachtes h. herzog Bernh. F. Gn. und
denen hrn graven auch der ritterschaft vil irrungen und be-
schwehrnüssen will abgeben, welche leichtlich dem publico ein
grosses unheil zuziehen und auch in andern craysen zur con-
sequenz möchten gezogen werden. Welches alles auß getrewer
Sorgfahlt obligender Schuldigkeit nach E. Ldn und Exc. wier
bester Wohlmeinung dinstl. und unterthänig fürzutragen eine
hohe Notturft erachtet, nicht zweiflendt sie werden dero hoch-
erlauchtem Verstandt nach in disen wichtigen Händlen wie
hie bevor mit dero unsterblichem Ruhm und deß gemeinen
evangel. Wefens merklichem Nuzen in dergleichen wohl öfters
beschehen, zu zeitlicher Remettierung allerhandt heilsambe
Resolucionen zu ergreifen wißen etc. Frankfurt den 22feb. a:o 634.

E. Lbd. und Exc. etc.

Otto Wildt und Reingraf.

Frantz Rudolf Ingold.   Johann Jacob Tetzel von
                              Kirchensittenbach.
Pres. Burgstal d. 1 Martii a:o 1634.

LXV.

Heinrich Matthes v. Thurn an Gabriel Gustafson Oxenstierna [1].

1637 Maj 26.   *Orig. im schwed. Reichsarchiv (Tidö saml.).*

Nachdem ich erfrewlich vernommen, das Gott auß seinem
gerechten Uhrtel des Arnheimbs falschheit undt betrugk nit
lenger hat zusehn muegen, sondren denselben als ein imb
werck erwiesenen abgesageten feindt der loblichen crohn
Schweden in dero hende übergeben undt nuhnmeher in das
reich soll gebracht werden, habe ich als ein reversirter trewer
diener nicht unterlasen konnen zu vermelden, was für schett-
liche teuflische pratiquen obgedachter Arnheimb von anfangk
wieder den lobwürdigsten konigk der Welt, sel. gedächtnüs,
gefhüret, wie beilage ausweiset, welche ich von dem h. Lo-
rentz von Hoffkirch bekommen, und ob derselbige woll ein
sächsischer obrister dahmahles gewehsen, so hatt er doch
solch trewlohses knabenstück nicht vertischen wollen, sondren
mir communiciret, welches ich neben den grafen von Solms,

---

[1] Schwedischer Reichstruchseß, Bruder des Kanzlers.

der ambasadeur war, durch den Steinecker Ihr K. M:t damahls avisiret undt überschicket. Man darf auch keines kopf-
brechens, was der obrister Sparr gemeinet hat mit dem, das
er vermeldet, er wolte herzlichen gern helfen den hochmuht
zu stewren, den diese wohrt hat Arnheimb in offentlichen
rath vor dem churfhürsten von Sachsen gesaget: man mus
den Schweden nicht so hoch kommen lasen das *dominium* in
Teutschlands zu fhueren. Dieses hatt h. obr. von Hoffkirch
als ein beiwehsender Ihr K. M:t hochsehligster gedechtnüs
mundtlich referiret, undt wen es E:r Excell. nicht verdries-
lichen, will ich es nach der lenge beschreiben, wie eher mit
der sachsichen armee den zugk in Böhmen genommen, zu
was endt undt meinung er den woll intentionirten fürsten von
Wallenstein auf einen andren wegk gebracht undt wieder
eher, glauben undt trew das konigreich Böhmb verwuestet,
niemahls des sinns und gedancken gewehst dehnenselben zu
religion- undt landesfreyheit zu verhelfen undt zu erhalten.
Es ist landtkundig, das ich mich anerboten dahmahls zehen-
tausent man zu werben undt in gar kurtzen auf den fus zu
bringen, Ihre Churfürstl. durchl. zu Sachsen, wen sie zur stel,
obidiren, undt alles zu thuen nit weiniger als wen mein aller-
gnedigster konigk zur stell wehre; mit h. Arnheimb in ver-
trewlicher lieb undt guter freundschaft einander helfen rahten
undt thaten. Das ist nicht angenommen worden, sondren wo
sich die meinigen gesamblet, sie aus den quartiren getrieben;
die stätt, so ich in nahmen meines allergned. konigs durch
handtbrief aufgefordert undt sie sich mit den hochsten frewde
der welt ergeben, da hat man die meinigen, so noch in keiner
verfasung, herauser getrieben. Ich hett eine unfehlbahren
überschlagk gemachet, eine grosse summ getreydes, von weiz,
korn, habern auch gersten zu liefern; magasin in den stätten
anzurichten, auch bier undt wein; undt wen die orden
geschlosen, was auf man undt ross zu geben, das sie es
nohtturftig haben werden; item lehngelder 20,000 alle moh-
nat, damit man keine uhrsach hette zu plündern, rauben undt
tyrannisiren; dies wart alles nit angesehen, auch hatt man
sich so grob undt unbescheiden jegen mich gehalten das man
mir die lohsungk zu Prag nicht hat geben lasen, da doch alle
geheimbe zeitungen keinem andren als mir sein gebracht
worden, welches mir schmerzlichen wehe gethan, da ich doch
in *Italia*, Frankreich undt bei den grohsmögender H. H. Staaden
die überflüsige eher gehabt, das die gouverneures das wort
von mir begehret haben. Man frage alle ehrliche befhelshaber
und soldaten, so in der Schlesingk der loblichen chrohn
Schweden gedienet, wie sich Arnheimb jegen ihnen verhalten,
sein ganz dichten undt trachten war dieselbe aus Schlesingk

zu dringen, welches ihm auch lezlich ist angegangen, wie er
auf hinderlistige weise den churfhürsten vermocht, das er ihn
zu seiner versicherungh soll abfordern, das er mir gewiesen,
hat auch die brandenburgischen mit sich abgefhueret; uns
aber das fhurgewendet, er wolte nit auf Dresden gehen, besondren schnuer geradt in Bömhb; der fürst von Wallenstein
werde, wie leicht zu erachten, folgen, damit wurd die Wallensteinische macht mir vom hals undt aus Schlesingk gebracht;
h. Schafkhotzs werde mit ein 6,ooo, meiste übel armirte, jegen
mir verbleiben, dem wehre ich genugsahmb gewachsen. Diesen
zusagen undt worten wardt kein erfolgk geleistet, besondren
Arnheimb nam seinen abzugk neben Ligniz, habe über 1,500
man in der rügken zu sichern aldort halten lasen. Der fürst
von Wallenstein war schon 9 meilen weges von mir jegen
Böhemb, wehr ihm alsdan gerahten, das er zurück bei tag
undt [nacht] gezogen, die sachsische armee verlasen undt auf
uns sich zu begeben, das ist dem Almechtigen bekandt, es
soltens die blinden greifen kunnen. Ich habe solchen verlauf
in druck ehermahalber gehen lasen, ist unverandtwortet blieben.
Ihr Ex. feltmarschall H. Bannier hat es auch erfharen, was der
Arnheimb kan, davon will ich nicht schreiben. Ich konte
juramentum credulitatis thuen, das alles was Churfürstl. D.
Sachsen undt Brandenburg thuen aus Arnheimbs raht undt
kopf gesponnen; sich so verflucht stellen konnen! Er konte
nit gutheisen des Churfürsten sein actiones in den friedens-
schlus, er wolte nichtes damit zu thuende haben undt von
derogleichen unwarhafte reden mit fleis gelsourgiret(?) sein
worden, hat ihm damit einen zimblichen credit gemachet undt
sichers geleit hin undt her zu reisen die verdammete lauchte
zu stimmen, wie auch darbei zu schliesen, das er den Baudisin
in das churfürstl. dienst beredt hat. Arnheimb ist auch zu
Ihr Exc. den h. reichscanzlern über die hundert undt 40 meilen
gereiset die Wallensteinische sach vorzutragen, da Ihr Exc.
als ein hochverstendiger weitausehenden herr alles wol ausge-
höret undt sich belieben lasen, doch (nicht zu verdenken) ge-
fraget, ob Arnheimb solches fuer richtig undt gewis versichern
will. Als hat er solches nicht versprechen wollen, welches
H. Reichscanzlern seltzamb vorkommen. Jedoch hernach auf
des H. generalwachtmeisters Bubna warhaft undt redliche wort
hat sich Ihr Exc. der H. Reichscanzler in der besten form
erkläret wegen des fürsten von Wallenstein. Der urplözliche
that aber hat es zu dem gewünscheten endt nicht kommen
lasen. Solches hat misgonst, neidt undt bösheit verhindert.
Ihr fürstl. Gn. Herzog Bernhardt habe ich bittlich undt hoch-
beweglichen geschrieben, er wolle nicht säumen sich auf die
Bohmische grenzen naher zu begeben. Der kaiser Ferdinandt

hette den fürsten von Wallenstein proclamiret, verruehret vor
dero erzrebellen, so ihm nach crohn undt cepter, ja das ganze
haus Osterreich zu verderben gestanden, im druck publiciret,·
die *soldatesca* von dem gehorsahmb und respect endtbunden
undt dadurch (leicht zu schliesen) vogelfrey gesprochen, weilen
periculum in mora, das glück zu befürdren undt gefhar zu
verhueten. Habe aber eine unerfrewliche andtwort bekommen:
Gott hette wol andere mittel den allgemeinen wehsen zu
helfen als gleich durch den fürsten von Wallenstein. Hat also
die ganze unzeitige atacha, bloquirung undt stürmung ohne
propos fuhr Forchheimb vorgenommen, so in *la mi*, mit ver-
lust abgangen undt das heilsahme werkh ausgeschlagen. Gott
hat durch denselben fürst Bernhardt dem gemeinen wehsen
den anfangk des reichsverderben angefangen mit verlierungk
der schlacht bei Nördlingen. Ob dieselbe aus noht oder zwangk
beschehen undt wolgethan gewesen will ich nicht uhrtheilen.
Der allmechtige segen hinforo beser seiner hende werck zu den
allgemeinen wehsen. An der treuen guten affection ist kein
zweifel. Bitt Ew. Exc. als meinen hochgerten patron sie wollen
mein erinnerungk so verstehen, wie ich es redlich undt ehr-
lichen vermeine. Ich thue nichtes aus hass undt feindtschaft,
allein weilen ich verbunden fleisig aufsehen zu haben, schaden
warnen undt wenden, so hab ich dieses aus schuldigkeit undt
gewisen nicht verhalten sollen. Datum Pernow d. 26 Maij
a:o 1637.·

www.ingramcontent.com/pod-product-compliance
Lightning Source LLC
Chambersburg PA
CBHW030807100426
42814CB00002B/40